EINE GESCHICHTE

Leila Guerriero

Eine
Geschichte

Aus dem Spanischen von
Angelica Ammar

Edition Voldemeer Zürich
De Gruyter

Leila Guerriero, Buenos Aires

Angelica Ammar, Barcelona

Eine Geschichte was first and originaly pub-
lished in Spanish as *Una historia sencilla* by
Editorial Anagrama S.A., c/o Indent Literary
Agency.

Frontispiece: Rodolfo González Alcántara,
Festival Nacional del Malambo 2012, Laborde,
Córdoba, photo Diego Sampere, Buenos Aires.

Library of Congress Control Number:
2022935575

Bibliographic information published by the Ger-
man National Library lists this publication in
the Deutsche Nationalbibliografie; detailed bibliographic data are available on the Internet at
http://dnb.dnb.de.

Edition Voldemeer Zürich
P.O. Box
CH-8027 Zürich

All rights reserved.

Copy editing: Ann-Catherine Geuder, Lübeck,
Ilona Buth, Berlin. Layout: Edition Voldemeer
Zürich. Printing: Ernst Kabel Druck, Hamburg.
Bindery: Müller Buchbinderei Leipzig. Printed
on acid-free paper produced from chlorine-free
pulp. TCF ∞

ISBN 978-3-11-079165-5

Walter de Gruyter GmbH
Berlin/Boston

www.degruyter.com

987654321

Für Diego, der es immer wusste,
der nie zweifelte.

Dies ist die Geschichte eines Mannes, der an einem Tanzwettbewerb teilnahm.

* * *

Die Stadt Laborde, im Südosten der Provinz von Córdoba,
Argentinien, fünfhundert Kilometer von Buenos Aires entfernt, wurde 1903 unter dem Namen Las Liebres gegründet.
Sie hat sechstausend Einwohner und befindet sich in einem
fruchtbaren Landstrich, der im letzten Jahrhundert von ita-
lienischen Einwanderern besiedelt wurde, Weizen und Mais
wächst dort, es gibt Mühlen zur Mehlgewinnung und Arbeit
zuhauf, und der daraus entstandene Wohlstand, inzwischen
gesichert durch den Sojaanbau, spiegelt sich in den Dörfern
wider, die der Phantasie eines überaus ordentlichen oder
besessenen Kindes entsprungen scheinen: kleine Ortskerne
mit Kirche, Hauptplatz und Rathaus, Einfamilienhäuser mit
Vorgärten, davor der neueste Toyota-Hilux-Geländewagen
mit Vierradantrieb, manchmal auch zwei, auf Hochglanz poliert. Die Überlandstraße 11 durchquert etliche solcher Orte:
Monte Maíz, Escalante, Pascanas. Zwischen Escalante und
Pascanas liegt Laborde, eine kleine Stadt mit Kirche, Hauptplatz, Rathaus, Einfamilienhäusern mit Vorgärten, Gelände-
wagen etc. Es ist eine der zahllosen Städte des Landesinne-
ren, deren Name den übrigen Einwohnern des Landes nicht
geläufig ist. Eine Stadt wie viele andere, in einer landwirt-
schaftlichen Gegend wie viele andere. Doch es gibt Menschen mit einem ganz speziellen Interessengebiet, für die

Laborde eine wichtige Stadt ist. Tatsächlich gibt es für diese Personen – mit diesem speziellen Interessengebiet – keine wichtigere Stadt auf der Welt als Laborde.

* * *

Am 5. Januar 2009 fand sich in der Veranstaltungsbeilage der argentinischen Tageszeitung *La Nación* ein Artikel des Journalisten Gabriel Plaza. Er hieß »Die Athleten der Folklore sind bereit« und nahm gerade mal zwei Spalten auf der ersten Seite und zwei halbe Spalten auf der Innenseite ein, und er enthielt diese Zeilen: »Als ein Elitecorps innerhalb der Folkloretänze betrachtet, wird den Siegern auf den Straßen von Laborde ein Respekt entgegengebracht wie den als Helden gefeierten Athleten des alten Griechenlands.« Ich habe diesen Artikel wochenlang aufbewahrt, monatelang, gute zwei Jahre. Von Laborde hatte ich noch nie gehört, doch seit ich diese dramatische Beschreibung gelesen hatte, die die Worte *Elitecorps, Sieger* und *als Helden gefeierte Athleten* in Zusammenhang mit einem Folkloretanz und einem abgelegenen Ort in der Pampa brachte, musste ich ständig daran denken. Woran? Es mir anzuschauen, vermute ich.

* * *

Gaucho, so besagt das *Diccionario folklórico argentino* von Félix und Susana Coluccio, »bezeichnete in der Region von La Plata, in Argentinien und Uruguay [...] die berittenen Viehhüter der Ebene oder der Pampa. [...] Diese erfahrenen Reiter und Viehzüchter zeichneten sich durch ihr körperliches Geschick, ihren Hochmut, ihre Reserviertheit und ihr melancholisches Gemüt aus. So gut wie alle Aufgaben verrichteten sie auf dem Pferd, ihrem treuesten Gefährten und wertvollsten Besitz«. Das Klischee – oder Vorurteil – spricht dem Gaucho ganz bestimmte Charaktereigenschaften zu: Er gilt als tapfer, loyal, stark, unbeugsam, spartanisch, abgehärtet, schweigsam, arrogant, einzelgängerisch, menschenscheu und als ein Nomade.

Malambo ist für den Folkloristen und Schriftsteller des 19. Jahrhunderts Ventura Lynch »ein Wettbewerb zwischen Männern, die der Reihe nach zum Rhythmus der Musik mit den Füßen stampfen«. Ein von einer Gitarre und einer Trommel begleiteter Tanz, der zu einem Kräftemessen zwischen Gauchos wurde, die sich gegenseitig an Durchhaltevermögen und Geschicklichkeit zu übertreffen suchten.

Darauf bezog sich Gabriel Plaza, als er von einem »Elitecorps innerhalb der Folkloretänze« sprach: auf diesen Tanz und seine Tänzer.

*   *   *

Der Malambo (dessen Ursprünge im Nebel liegen, auch wenn man sich generell einig ist, dass dieser Tanz vermutlich aus Peru nach Argentinien eingeführt wurde) besteht aus einer Reihe von Tanzfiguren oder Schrittfolgen, »einer Kombination von Bewegungen und rhythmischem Klappern mit den Füßen. Jeder Bewegungsablauf und die dazu innerhalb einer bestimmten musikalischen Metrik aufeinanderfolgenden stampfenden Schritte werden Figur oder Mudanza genannt«, schreibt der argentinische Spezialist für Folkloretänze Héctor Aricó in seinem Buch *Danzas tradicionales argentinas*.

Die Mudanzas wiederum sind Figuren, die aus dem Aufstampfen mit der ganzen Sohle, dem Aufschlagen mit der Spitze oder der Ferse, dem Auftreten mit dem Fußballen bestehen, aus Sprüngen und Flexionen (unvorstellbaren Verdrehungen) der Knöchel. Ein professioneller Malambo beinhaltet über zwanzig solcher Figuren, die durch Repiqueteos voneinander getrennt sind, einer Reihe von Tritten – acht in anderthalb Sekunden –, die den Muskeln eine extreme Reaktionsfähigkeit abverlangen. Jede Figur wird zuerst mit dem einen und dann in exakt derselben Abfolge mit dem anderen Fuß vollführt; ein Malambo-Tänzer muss also ebenso präzise, kräftig, schnell und elegant mit dem rechten Fuß wie mit dem linken sein.

Es gibt zwei Malambo-Stile: den südlichen – Malambo del sur –, der aus den Provinzen des Zentrums und Südens kommt, und den nördlichen – Malambo del norte – aus den Provinzen des Nordens. Der südliche Malambo hat weichere Bewegungen und wird nur von der Gitarre begleitet. Der nördliche ist explosiver und wird von Gitarre und Trommel begleitet. Auch in der Tracht ihrer Tänzer unterscheiden sie sich. Der Gaucho aus dem Süden trägt einen runden oder hohen Hut, ein weißes Hemd, ein krawattenähnliches Halstuch, eine Weste, eine kurze Jacke, eine weite weiße Hose, die unten geklöppelt und mit Fransen versehen ist – den Cribo –, darüber einen bestickten Poncho – Chiripá –, der mit einer breiten Bauchbinde aus Stoff um die Taille befestigt wird, einen Ledergürtel mit gestanzten Verzierungen aus Metall oder Silber, Rastra genannt, und Botas de potro – Stiefel aus dünnem Fohlenleder, die um Unterschenkel und Knöchel gebunden werden und nur etwas mehr als die Hälfte des Fußes umhüllen, während der Ballen nackt auf den Boden tritt. Der Gaucho aus dem Norden trägt Hemd, Halstuch, Jacke, weite Hosen – Bombachas – und feste hohe Lederstiefel.

Dieser allein den Männern vorbehaltene Tanz, der als ein rustikaler Wettstreit begann, hatte sich zu Beginn des 20. Jahrhunderts in eine zwei bis fünf Minuten lange Choreographie verwandelt. Bekannt wurde er vor allem in Form von Touristenattraktionen, bei der die Tänzer Messer in der Luft herumwirbeln oder zwischen brennenden Kerzen springen, aber auf einigen argentinischen Folklorefestivals kann man auch noch ursprünglichere Versionen des Malambo sehen. Seine reinste Form wird allerdings in Laborde bewahrt, diesem Dorf in der flachen Pampa. Dort findet seit 1966 ein prestigeträchtiger, gefürchteter Tanzwettbewerb statt, der sechs Tage dauert, den Wettstreitern ein hartes Training abverlangt und aus dem ein Gewinner hervorgeht, der, wie Stiere oder andere Rassetiere, zum Campeón gekrönt wird, zum Meister.

*   *   *

Ein Verein namens Amigos del Arte gab 1966 den Anstoß zum ersten Nationalen Malambo-Festival von Laborde, das in den Räumen eines örtlichen Clubs ausgetragen wurde. 1973 erwarb die mit der Organisation betraute Kommission – die damals wie heute aus Einwohnern des Ortes besteht, aus Fußpflegerinnen, Logopädinnen, Lehrern und Unternehmern, Bäckern und Hausfrauen – ein tausend Quadratmeter großes Grundstück der ehemaligen Asociación Española und errichtete darauf eine Bühne. Zweitausend Zuschauer wurden in jenem Jahr gezählt. Inzwischen sind es über sechstausend, und neben den verschiedenen Wettstreitkategorien des Malambo, die im Mittelpunkt stehen, gibt es Wettbewerbe in Gesang, Musik und anderen traditionellen Tänzen, mit Subkategorien wie bester Gesangssolist, beste Musikgruppe, bester Tanzpartner oder bestes traditionelles Ensemble. Außerhalb der Wettbewerbe treten bekannte Folkloremusiker und Bands auf (wie Chango Spasiuk, Peteco Carabajal oder La Callejera). Die Tänzerdelegationen kommen jedes Jahr von nah und fern – Bolivien, Chile und Paraguay – angereist und erweitern die ständige Bevölkerung von Laborde um zweitausend Personen. Einige Einwohner vermieten vorübergehend ihre eigenen Häuser, und auch die Schulen des Ortes werden in Herbergen umgewandelt, um den Strom an Besuchern aufzunehmen. Die Teilnahme am Festival geschieht nicht spontan – Monate zuvor treffen regionale Delegierte im ganzen Land eine Vorauswahl, so dass nach Laborde nur die Besten ihrer jeweiligen Heimatgegend kommen, zusammen mit einem Provinzdelegierten.

Das Organisationskomitee des Festivals finanziert sich selbst und ist stolz darauf, nicht wie die bekannten Folklorefestivals von Cosquín oder Jesús María als bunte Shows landesweit vom Fernsehen übertragen zu werden. In Laborde hat man nicht vor, das Festival zu einer rein visuell ansprechenden Publikumsnummer zu machen. Doch weder der Zeitraum der Wettkämpfe – von sieben Uhr abends bis sechs Uhr morgens –, noch das, was dabei zu sehen ist, eignet sich als leichte Zuschauerkost: In Laborde gibt es keine zwischen Kerzen tanzenden Gauchos, keine Glitzerkostüme oder strassbesetzten Schuhe. Laborde nennt sich selbst »das argentinischste aller Festivals«, weil es hier um die Tradition geht und sonst nichts. Die Regeln schließen jegliche Neuerungen aus, und die Jury – bestehend aus Meistern vergangener Jahre und Spezialisten für Folkloretänze – erwartet eine Folklore ohne Remix: Trachten und Schuhe, die die Schlichtheit beziehungsweise Pracht respektieren, mit denen sich Gauchos und Landfrauen der Epoche kleideten; akustische Instrumente; Schrittfolgen, die der jeweiligen Gegend entsprechen. Auf der Bühne sind weder Piercings noch Ringe, Uhren, Tätowierungen oder tiefe Ausschnitte zugelassen. »Die harten oder festen Stiefel dürfen höchstens eine leichte Verstärkung am Fußballen und Sporenhalter haben, keine Metallspitzen, und müssen in traditionellen Farben gehalten sein. Die Fohlenlederstiefel müssen den Originalschnitt aufweisen, nicht aber unbedingt das Material, aus dem sie früher angefertigt wurden (Fohlen- oder Raubkatzenleder). Untersagt sind Dolche, Lanzen, Sporen oder andere Utensilien, die nicht zum Tanz gehören. [...] Die musikalische Begleitung muss traditionell und in jeder Hinsicht originalgetreu sein. Sie soll aus höchstens zwei Instrumenten bestehen, von denen eines die Gitarre sein muss. [...] Die Darstellung [...] soll nicht effektheischend sein«, besagen

einige der Vorschriften. Vermutlich liegt es an diesem jegli-
chen Zugeständnissen abgeneigten Geist und der Traditions-
treue des Festivals, dass es sich um das geheimste Festival
ganz Argentiniens handelt. Im Februar 2007 schrieb die
Journalistin Laura Falcoff, die das Festival seit Jahren besucht, in der Zeitung *Clarín*:»Letzten Januar feierte das Nationale Malambo-Festival von Laborde, in der Provinz von
Córdoba, seinen vierzigsten Geburtstag. Eine fast schon geheime Veranstaltung in Anbetracht der geringen Beachtung,
die sie in den Medien findet. Für die Malambo-Fans des ganzen Landes jedoch ist Laborde ein wahres Mekka, der geo-
graphische Punkt, der einmal jährlich die höchsten Erwartungen konzentriert.« Das Nationale Malambo-Festival von
Laborde wird in den Artikeln über die Vielzahl der Folklorefestivals, die während des argentinischen Sommers statt-
finden, kaum je erwähnt, auch wenn es mittendrin abgehalten wird, in der ersten Januarhälfte, von einem Dienstag
bis in die Morgenstunden des darauffolgenden Montags.

Der Malambo wird in zwei Kategorien unterteilt: Quar-
tette (vier Männer, die perfekt synchronisiert gemeinsam
tanzen) und Solisten. Diese beiden Kategorien werden wiederum in Altersgruppen aufgeteilt: Infantil (Kinder bis
9 Jahre), Menor (10–13-Jährige), Juvenil (14–16-Jährige),
Juvenil Especial (17–19-Jährige), Veterano (ab 40 Jahren).
Doch die Krönung des Festivals ist die Kategorie der männ-
lichen Malambo-Solisten, in der männliche Tänzer über
zwanzig zugelassen sind. Die Teilnehmer – Aspiranten genannt – präsentieren sich in mehreren Auftritten, pro Nacht
nicht mehr als fünf. Bei ihrem ersten Auftritt, gegen ein Uhr
morgens, tanzt jeder den »starken« Malambo seiner jeweiligen Heimatprovinz: den nördlichen, wenn er aus dem Norden kommt, den südlichen, wenn er aus dem Süden kommt.
Gegen drei Uhr morgens findet dann die »Rückrunde« statt,
in der sie den Malambo der jeweils anderen Region tanzen,
die aus dem Norden den des Südens und vice versa. Am

Sonntagmittag berät sich die Jury, welche Teilnehmer sich fürs Finale klassifiziert haben, und teilt die Namen den Delegierten der verschiedenen Provinzen mit, die wiederum die Wettstreiter verständigen. In der Nacht von Sonntag auf Montag tanzen die drei bis fünf Vorrundensieger ihren »starken« Malambo-Stil in einem Finale, das einer Apotheose gleichkommt. Gegen halb sechs Uhr morgens, wenn langsam der Tag über dem immer noch voll besetzten Festivalgelände anbricht, werden die Ergebnisse in allen Kategorien bekannt gegeben. Zuletzt wird der Name des Meisters verkündet. Ein Mann, der im selben Moment, in dem er seine Krone empfängt, ausgelöscht wird.

*   *   *

Die Überlandstraße 11 ist eine schmale Asphaltspur, die unter ein paar verrosteten Eisenbahnbrücken hindurchführt, auf deren Gleisen schon lange keine Züge mehr verkehren. Fährt man im Sommer der südlichen Hemisphäre auf ihr entlang – also im Januar oder Februar –, hat man zu beiden Seiten wahre Postkartenansichten der sogenannten feuchten Pampa: üppige Felder in Weizengrün, schimmerndem Grün, Maisgrün. Es ist Donnerstag, der 13. Januar 2011, und die Ortseinfahrt von Laborde ist nicht zu übersehen: Eine gemalte argentinische Flagge – himmelblau und weiß – und in Großbuchstaben: Laborde, Nationale Hauptstadt des Malambo. Es ist ein klar begrenzter Ort im Schachbrettmuster, sieben Straßen breit, vierzehn Straßen lang. Das ist alles, und da es so wenig ist, kennen die Leute kaum die Straßennamen, sondern behelfen sich eher mit Anhaltspunkten wie: »vor dem Haus der López« oder »neben der Eisdiele«. Und so heißt das Gelände, auf dem das Nationale Malambo-Festival abgehalten wird, einfach nur »das Gelände«. Um vier Uhr nachmittags, unter einer gleißenden Helligkeit, trocken wie ein Gipshelm, ist dies der einzige Ort in Laborde, an dem sich etwas rührt. Alles andere ist geschlossen, die Häuser, Kioske, Kleidergeschäfte, Gemüseläden, Supermärkte, Lokale, Internetcafés, Gemischtwarenhändler, Hähnchenröstereien, die Kirche, das Rathaus, die Nachbarschaftsvereine, das Polizeirevier und die Feuerwehr. Laborde kommt einem vor wie ein Dorf, das im Begriff ist, der Lähmung oder Mumifizierung anheimzufallen, und mein erster Gedanke beim Anblick dieser flachen Häuser mit den Zementbänken davor, den ohne Schlösser an Bäumen lehnenden Fahrrädern und den mit offenen Fenstern geparkten Autos ist, dass ich in meinem Leben schon durch Hunderte solcher Orte gekommen bin und dieser in keinerlei Hinsicht besonders wirkt.

*   *   *

Es gibt in Argentinien zwar andere Festivals, bei denen der Malambo eine Wettkampfkategorie ist – das Festival von Cosquín oder das der Sierra zum Beispiel –, doch das von Laborde – wo es allein um diesen Tanz geht – hat eine Regelung, die es einzigartig macht: In der Hauptkategorie Malambo ist eine Höchstzeit von fünf Minuten zugelassen. Bei den anderen Festivals ist die erlaubte Tanzzeit zweieinhalb oder drei Minuten.

Fünf Minuten sind nicht viel. Der Bruchteil eines zwölfstündigen Fluges etwa, ein Wimpernschlag in einem dreitägigen Marathon. Doch es kommt immer auf die richtigen Vergleiche an. Die schnellsten Hundertmeterläufer der Welt brauchen keine zehn Sekunden bis zum Ziel. Usain Bolt 9,58 Sekunden. Die Bewegungen eines Malambo-Tänzers erreichen eine Geschwindigkeit, die die Körperkraft eines Hundertmeterläufers erfordert, doch er hält sie nicht zehn Sekunden, sondern fünf Minuten lang durch. Das bedeutet, dass die Malambo-Tänzer, die sich für Laborde vorbereiten, während des Jahres vor dem Festival nicht nur das künstlerische Training eines Tänzers absolvieren, sondern sich darüber hinaus auch körperlich und psychisch wie ein Athlet vorbereiten. Sie rauchen und trinken nicht, gehen früh ins Bett, joggen, trainieren im Fitnessstudio, üben ihre Konzentration, ihre Haltung, ihre Selbstsicherheit und ihr Selbstvertrauen. Manche trainieren allein, doch die meisten haben einen Coach, üblicherweise einen ehemaligen Meister, dem sie das Training und die Reise zu ihrem Wohnort bezahlen. Dazu kommen die Beiträge im Fitnessstudio, Termine bei Ernährungsberatern und Sportmedizinern, gute Ernährung, die Ausstattung (3000 bis 4000 Pesos – ca. 500 bis 650 Euro – für jeden der beiden Stile; allein die Stiefel des nördlichen Malambo kosten 700 Pesos – ca. 120 Euro – und müssen alle vier bis sechs Monate ausgewechselt werden, weil sie sich abnutzen) und der Aufenthalt in Laborde, der um die vierzehn Tage dauert, da die Teilnehmer gern anreisen, bevor das Festival beginnt. Fast alle kommen aus einfachen Familien, sind Söhne von Arbeitern, Hausfrauen, städtischen Angestellten, Metallarbeitern, Polizisten. Wer Glück hat, kann Tanzstunden in Studios oder Schulen geben, doch viele Tänzer verdienen sich ihren Lebensunterhalt als Elektriker, Maurer oder Mechaniker. Es kommt vor, dass ein Wettstreiter gleich beim ersten Mal gewinnt, aber die meisten müssen sich mehrmals präsentieren.

Der Preis wiederum ist nicht pekuniärer Art, ist keine Reise, kein Haus, kein Auto, sondern ein schlichter Pokal, den ein ortsansässiger Kunsthandwerker angefertigt hat. Doch der wahre Preis von Laborde – der Preis, den alle anstreben – ist alles, was man nicht sieht: Prestige und Anerkennung, Ehrfurcht und Respekt, Glanz und die Ehre, einer der Besten unter denen zu sein, die in der Lage sind, diesen mörderischen Tanz auszuführen. Im kleinen höfischen Kreis der Folkloretänzer ist ein Meister aus Laborde für immer so etwas wie ein Halbgott.

Doch da ist noch etwas.

Um das Prestige des Festivals zu wahren und seinen Wettkampfcharakter auf höchstem Niveau zu unterstreichen, halten sich die Meister von Laborde seit 1966 an einen unausgesprochenen Pakt, der besagt, dass sie zwar weiterhin in anderen Kategorien antreten dürfen, nie wieder aber in der Solisten-Kategorie des Malambo, weder bei diesem noch bei anderen Festivals. Ein Bruch dieses ungeschriebenen Gesetzes – zwei oder drei Mal hat sich ein Tänzer wohl nicht daran gehalten – wird mit dem Verstoß aus der Gemeinschaft der Tänzer bezahlt. Der Malambo, mit dem ein Mann gewinnt, ist damit auch einer der letzten Malambos seines Lebens. Meister in Laborde zu werden, ist Höhepunkt und Ende zugleich.

Im Januar 2011 bin ich nach Laborde gefahren, weil ich die Geschichte des Festivals erzählen und verstehen wollte, warum jemand so etwas tun möchte: ganz nach oben zu gelangen, um daran zugrunde zu gehen.

*   *   *

Rings um das Festivalgelände gibt es Dutzende Stände, an denen nachts Kunsthandwerk, T-Shirts und CDs verkauft werden und die jetzt am Nachmittag mit orangefarbenen Planen verhängt sind, die glibberig warm die Sonne reflektieren. Das Gelände ist von einem Drahtzaun umgeben; rechts neben dem Eingang befindet sich die Galerie der Meister, mit den Fotos aller Sieger seit 1966, gefolgt von momentan geschlossenen Essensständen, an denen es Teigtaschen, Pizza, Locro, Grillfleisch und Hähnchen am Spieß gibt. Auf der anderen Seite sind die Toiletten und der Pressesaal, eine große quadratische Konstruktion mit Stühlen, Computern und einer verspiegelten Wand. Am Ende des Geländes liegt die Bühne.

Ich habe einige Geschichten über diese Bühne gehört. Es heißt, sie flöße solchen Respekt ein, dass viele Wettstreiter Minuten vor ihrem Auftritt einen Rückzieher machen.

Wegen ihrer leichten Schräglage sei sie gefürchtet und gefährlich; auf ihr wimmele es derart von Gespenstern großer Malambo-Tänzer, dass man geradezu überwältigt werde. Was ich sehe, ist ein blauer Vorhang und darüber und an den Seiten die Werbeschilder der Sponsoren: Getreidehandel Finpro, El Cartucho SA Transportes, Casa Rolandi, Haushaltsartikel. Unter den Schildern sind Mikrofone angebracht, die den Klang jedes Tanzschrittes mit teuflischer Präzision verstärken. Vor der Bühne stehen Hunderte leerer weißer Plastikstühle. Um halb fünf Uhr nachmittags kann man sich kaum vorstellen, dass hier einmal mehr als das sein wird – dieses Nichts und diese Insel aus Plastik, von der eine Welle einlullender Wärme ausgeht.

Ich schaue gerade auf die Kronen mehrerer Eukalyptusbäume, die die Krallen der Sonne nicht aufhalten können, als ich es höre. Ein schneller Galopp oder das Knattern einer gut geladenen Waffe. Ich drehe mich um und sehe einen Mann auf der Bühne. Er ist bärtig, trägt einen steifen Hut, eine rote Weste, eine blaue Jacke, eine schneeweiße Cribo-Hose, einen beigefarbenen Chiripá-Poncho, und er probt den Malambo, den er abends tanzen wird. Anfangs sind die Schrittfolgen nicht gerade langsam, aber menschlich, man kann der Geschwindigkeit folgen. Dann wird der Rhythmus schneller, immer schneller, immer noch schneller, bis der Mann mit einem Fuß auf den Boden stampft und ekstatisch zum Horizont blickt, den Kopf senkt und um Atem zu ringen beginnt wie ein nach Sauerstoff schnappender Fisch.

»Gut«, sagt der, der neben ihm die Gitarre spielt.

*   *   *

Warum hat ein Dorf sesshaft gewordener, ordentlicher, konservativer Einwanderer ein Festival ins Leben gerufen, das dem rätselhaftesten aller Tänze der Gauchos gewidmet ist, jener einstmals ruhelosen Nomaden, die keine Obrigkeit anerkannten? Ich weiß es nicht. Aber das Nationale Malambo-Festival von Laborde ist jeder anderen Weltmeisterschaft in jeder beliebigen Disziplin ebenbürtig. Es ist ein Wettkampf von nicht zu überbietender Qualität. Und wer ihn gewinnt, gehört zu den Besten der Welt. Die Definitionen, die sich in der Real Academia Española für das Wort »Campeón« finden lassen (Person, die eine Meisterschaft gewinnt / Person, die mit Einsatz eine Sache oder Doktrin verteidigt / Berühmter Waffenheld / Mann, der bei alten Wettkämpfen ins Feld zog und Schlachten bewältigte), scheint die Hauptkategorie von Laborde alle zu beinhalten.

*   *   *

Um sechs Uhr abends sieht alles anders aus. Die Dorfkneipen sind geöffnet, und an manchen Ecken stehen Gruppen zusammen, in denen zu ein paar Gitarrenklängen eine Schrittfolge improvisiert wird, Schuhsohlen auf den Boden hämmern. Alle machen einen sehr jungen Eindruck, doch obwohl sie lässige Hosen, Miniröcke und T-Shirts von Rockbands tragen, unterscheiden sie sich in einigen Details doch deutlich von ihren Altersgenossen und der gegenwärtigen Zeit: Die jungen Männer haben lange Haare und dichte Bärte, wie früher die Gauchos, oder zumindest, wie es ihrem Klischee entspricht. Die jungen Frauen tragen ihr Haar zu festen Zöpfen aufgesteckt, wie einstmals die braven Landfrauen, oder zumindest, wie es ihrem Klischee entspricht.

Um acht Uhr abends werden die ans Festivalgelände angrenzenden Straßen gesperrt. Innerhalb des Geländes schlendert eine dichte Menschenmenge an den Ständen der Kirmes vorbei, auf der Alfajores, Kuchen und Gebäck verkauft werden, Duschvorhänge, Ledergürtel, Matetee-Gefäße, Silberschmuck, Messer und Hemden. Die Essensstände servieren eine Portion Locro, Pizza oder Grillfleisch nach der anderen. Die weißen Stühle für die Zuschauer sind alle besetzt, und auf der Bühne beginnen die ersten Wettkampfkategorien. Gerade sind die Malambo-Quartette in der Kategorie der Kinder unter neun Jahren dran, Mini-Gauchos, die vom Publikum mal mit Applaus bedacht werden, mal mit Gleichgültigkeit, ohne Rücksicht auf ihr Alter.

In einem Seitenraum, der als Bibliothek verwendet wird, befindet sich Ariel Ávalos. Mit seinem kurzen Haar und dem kaum vorhandenen Bart fällt er aus dem Rahmen. 2000 gewann er den Wettkampf für seine Provinz, Santa Fe.

»Eigentlich ist es nicht verboten, an einem anderen Festival teilzunehmen, aber wir Meister haben eine stillschweigende Übereinkunft. Es gibt kein wichtigeres Festival als dieses hier, und die Vorbereitung dafür dauert Jahre, deshalb muss man diese immensen Mühen auch würdigen. Und die beste Würdigung ist es, nirgends anders mehr anzutreten. Damit drücken wir aus, dass es nichts Prestigereicheres und Bedeutenderes gibt.«

Ávalos' Vater ist Arbeiter in einer Keramikfabrik, seine Mutter Hausfrau. Ávalos hat mit acht Jahren in der Tanzwerkstatt der Schule angefangen zu tanzen, und 1996 begann er, sich für das Festival von Laborde vorzubereiten. In dem Jahr, in dem er Meister wurde, hat er mit Víctor Cortez – Meister von 1987 –, einem Sportmediziner und einem Ernährungsberater trainiert. Um mit seinem Mechanikergehalt für diese Ausgaben aufkommen zu können, hat er sein Anthropologiestudium abgebrochen.

»Die Uni läuft mir nicht weg, aber die Möglichkeit, in Laborde zu gewinnen, schon. Hierher kommt man um der Ehre, nicht um des Geldes willen. Aber beim Tanzen beginnt dein ganzer Körper zu brodeln. Alles wird zu Feuer. Meine Heimatstadt San Lorenzo liegt an einem Fluss. Zu dem bin ich immer hinuntergegangen und habe mit dem Blick aufs Wasser die Schritte geübt. Was ich dabei fühlte, war so gewaltig wie die Strömung. Die erste Hürde, mit der ein Malambo-Tänzer sich konfrontieren muss, ist die Angst:

Werde ich den Malambo gut zu Ende bringen, werde ich genug Luft haben, genug Ausdauer? Während meiner Vorbereitung hat mir ein Psychologiestudent eine Übung gegeben, die darin bestand, sich vor einen Spiegel zu stellen und zu sagen: ›Ich bin der Meister.‹ Und nicht damit aufzuhören, bis man es glaubt. Ich habe vor dem Badezimmerspiegel angefangen: ›Ich bin der Meister, ich bin der Meister.‹ Anfangs musste ich lachen. Aber irgendwann war ich davon überzeugt. Außerdem habe ich so getan, als würde ich die Stimme des Ansagers hören, die meinen Namen ankündigt, und dabei bekam ich Gänsehaut. Wenn ich die Jungs tanzen sehe, wäre ich immer noch gern dort oben. Ich kann einfach nicht glauben, dass es Menschen gibt, die nicht Malambo tanzen. Aber die Vorbereitung verlangt einem viel ab. Man braucht die Leistungsfähigkeit eines Profi-Fußballers, nur dass kein Fußballer fünf Minuten lang so schnell läuft, wie er kann. Er läuft vielleicht hundert Meter, dann bleibt er stehen. Ein Malambo-Tänzer hält fünf Minuten durch. Es ist abartig. Nach anderthalb Minuten brennt der Malambo dir den Quadrizeps durch, verändert deinen Atem. Und wenn sich dein Atem verändert und du nicht richtig vorbereitet bist, musst du aufhören.«

»Warum?«

»Weil du sonst erstickst.«

Ariel Ávalos kam 1998 ins Finale und wurde 1999 Vizemeister (der einzige andere Titel, der in der Hauptkategorie vergeben wird). Der Vizemeister ist einer der Favoriten für den Titel im darauffolgenden Jahr, und so brach er am 3. Januar 2000, nach einem eisernen Training, wieder nach Laborde auf. Wenige Tage zuvor hatte sein Großvater Rückenschmerzen bekommen. Ávalos war seit seinem dreizehnten Lebensjahr bei ihm aufgewachsen, weil es in dem einfachen Haus seiner Eltern zu eng für alle drei Söhne geworden war. Bei jedem seiner Anrufe zu Hause, in den Tagen nach seiner Ankunft in Laborde, sagte man ihm, sein Großvater sei gerade nicht da, der Arzt habe ihm geraten, viel spazieren zu gehen, deshalb sei er draußen. Ariel tanzte in der ersten Nacht, wie es die Vizemeister immer tun, zur Eröffnung des Wettkampfs, und kam ins Finale. Am Montagmorgen verließ er die Bühne euphorisch, weil er wusste, dass er seine Sache gut gemacht hatte. Als er sich in der Garderobe erholte, sagte sein Trainer ihm, was alle bis auf ihn längst wussten: Sein Großvater war in kritischem Zustand ins Krankenhaus eingeliefert worden, was er Ávalos, in Absprache mit seinen Eltern, nicht hatte sagen wollen, weil der sonst womöglich nicht hätte antreten wollen. Ariel Ávalos nahm es ihm nicht übel; er begriff, dass er nicht anders hatte handeln können. Um fünf Uhr morgens gab der Ansager an jenem 17. Januar den Meister bekannt: Er war es. Er bedankte sich, tanzte ein paar Schrittfolgen – wie es der frisch gekrönte Sieger immer tut –, sagte ein paar Worte, stieg von der Bühne, lief zu seinem Auto und fuhr nach San Lorenzo. Sein Großvater starb um acht Uhr morgens, während Ávalos noch unterwegs war.

»Meine Tante, die als Letzte mit ihm gesprochen hat, bevor er ins Koma gefallen ist, hat mir gesagt: ›Bevor er eingeschlafen ist, hat er nach dir gefragt, wie es dir ergangen ist.‹ Das war das Letzte, wonach er gefragt hat.«

Jetzt fängt es an zu regnen, aber durch die halb offene Tür des Raums kann man sehen, dass niemand aus dem Publikum seinen Platz verlässt.

»Ein Malambo-Tänzer muss bereit sein, auf die unvorstellbarsten Dinge zu verzichten.«

*   *   *

Um elf Uhr nachts ist der Regen vorbei. Auf der Bühne tanzt eine Provinzdelegation, und zwischen den Stühlen tanzen Männer und Frauen in Jeans, Shorts oder Röcken, mit Mützen und in Ponchos, und schwenken Taschentücher dazu.

Sie bewegen die Hände nicht amateurhaft in der Luft, sondern drehen die Taschentücher in der konzentrischen Floreo-Figur des Zamba. Das Publikum ist der große Stolz von Laborde, es besteht aus Experten, die wissen, was sie sehen, die gute Qualität ebenso wie Fehler zu erkennen vermögen. Für sie ist Laborde kein Museum einer verstaubten Tradition, sondern eine herausragende Darbietung einer Kunst, mit der sie aufgewachsen sind und die sie pflegen.

*   *   *

Hinter der Bühne befinden sich die Garderoben. Der Boden ist aus Zement, die Wände sind aus rohen Ziegelsteinen. Vier Garderoben gleichen Mönchskammern mit Aluminiumtüren; ein Zementtisch, das ist alles. Die fünfte befindet sich in einer Ecke. Ihre Wände reichen nicht bis zur Decke, sie hat keinen Tisch und kein eigenes elektrisches Licht. Dann gibt es da noch zwei Toiletten, deren Türen nicht ganz schließen, und einen großen Spiegel, der in eine der Wände eingelassen ist. Über allem schwebt der scharfe Geruch von entzündungshemmender Salbe, und es wimmelt von Menschen, die sich anziehen und ausziehen, sich schminken, dehnen, mit Haarspray besprühen, Zöpfe flechten, den Bart glätten, die nervös sind und warten. Überall sieht man Garderobenständer, an denen Kleider und Gaucho-Kostüme hängen, Männer in Unterhosen, Frauen, die mit schamhaften Gesten aus ihren Büstenhaltern schlüpfen. Dutzende Teilnehmer wärmen hier ihre Muskeln auf, bevor sie auf die Bühne gehen, während das Adrenalin elektrische Stöße durch ihre brennenden Herzen pumpt.

»Nein, Mann, ich krieg den Ring nicht ab, verdammt.«

Eine junge Frau mit perfekten Zöpfen und einem Blumenkleid mit duftigen Rüschen kämpft schimpfend mit einem riesigen Ring in Pink. Ihr Finger ist geschwollen, es fehlen nur noch fünf Minuten bis zu ihrem Auftritt. Wenn die Jury ihren Ring sieht, riskiert ihre Delegation, disqualifiziert zu werden.

»Hast du Seife darauf getan?«

»Ja!«

»Und Speichel, Spülmittel?«

»Ja, ja, er geht einfach nicht ab!«

»Oh Mann.«

Ein junger Kerl auf einer Bank steckt sein Bein in eine Plastiktüte und dann, mitsamt der Plastiktüte, in den hohen Stiefel.

»So rutscht es besser. Sonst kommt man nicht rein. Wir nehmen die Stiefel immer zwei Größen kleiner, damit sie enger anliegen und wir wendiger sind.«

Der Boden vor dem Wandspiegel ist mit Holz verlegt. Darauf stehen die vier Mitglieder eines Malambo-Quartetts aus dem Norden und üben mit erhobenem Kinn einen hochmütig herausfordernden Blick. Ihre Oberkörper schwellen an wie die vierer Hähne, die zum Kampf ansetzen. Was dann kommt, erinnert an ein Defilee der nordkoreanischen Armee: Die Beine bewegen sich in einer verblüffenden Synchronisation, und acht Fersen klopfen, streichen, stupsen und schlagen, als wären sie eins. Um sie herum hat sich ein stummer Kreis an Zuschauern gebildet. Als die Männer fertig sind, folgt eine eisige Ekstase, und der Kreis löst sich auf, als hätte er nie existiert, als wäre das, was sie soeben gesehen hatten, eine heilige oder geheime Zeremonie oder beides zugleich gewesen.

Eine Stunde später, um zwölf, schließen sich die Türen der fünf Garderoben, und hinter dem windigen Aluminium hört man einmal Trommeln, einmal Gitarren, dann wieder absolute Stille. Dort halten jetzt einige der Männer, auf die alle warten, ihre Waffenwacht. Fünf Wettstreiter der Hauptkategorie *Malambo Mayor*.

* * *

Jede Nacht wird der Malambo Mayor auf die gleiche Weise angekündigt: Zwischen halb eins und eins ertönt die Hymne von Laborde – *Baila el malambo / Argentina siente que su pueblo está vivo / Laborde está llamando a fiesta, al malambo nacional* – Es tanzt der Malambo / Argentinien fühlt, dass sein Volk lebendig ist / Laborde ruft zum Fest, zum nationalen Malambo –, und die Stimme eines Moderators verkündet:

»Meine Damen und Herren, die Stunde der allseits erwarteten Kategorie ist gekommen, für Laborde und für ganz Argentinien!«

Der Moderator begrüßt stets ausdrücklich ganz Argentinien, selbst wenn ganz Argentinien davon nichts mitbekommt, und fährt fort:

»Meine Damen und Herren, Laborde, unser Land ... wir kommen jetzt zur Kategorie des Malambo Mayor!«

Zu den letzten Strophen der Hymne geht ein Feuerwerk los. Wenn der Moderator den Namen des Teilnehmers verkündet, der auf die Bühne kommen wird, senkt sich eine Stille über das Gelände wie eine Lage Schnee.

*   *   *

Die Jury sitzt reglos an ihrem langen Tisch vor der Bühne.

Zunächst hört man schürfende Gitarrenklänge, traurig wie die letzten Sommertage. Der Mann, der tanzen wird, trägt eine Jacke aus schwarzem Kord und eine rote Weste. Die weiße Cribo-Hose fällt ihm um die Knöchel wie ein cremiger Regen, und statt des Chiripá-Ponchos trägt er eine enge schwarze Hose darüber. Er ist blond und bärtig. Er schreitet bis in die Mitte der Bühne, bleibt stehen, und mit einer Bewegung, die aus seinen Knochen hervorzuspießen scheint, tupft er mit der Fußspitze auf den Boden, dann mit der Ferse, mit der Seite, präzise getröpfelte Schläge, eine Aufeinanderfolge perfekt geklopfter Laute. Umhüllt von einer Anspannung, wie sie dem Angriff eines Wolfs vorangeht, steigert er nach und nach die Geschwindigkeit, bis seine Füße zu zwei Tieren werden, die die Bühne brechen, mahlen, krümmen, zerteilen, zerhacken, töten und schließlich auf sie einhämmern wie aufprallende Züge, dann hält er schweißüberströmt inne, hart wie ein purpurfarbenes, tragisches Seil aus Glas. Er nickt einmal kurz und geht ab. Eine ungerührte belegte Frauenstimme sagt:

»Zeit: Vier Minuten, vierzig Sekunden.«

Das war der erste Malambo in der Hauptkategorie, den ich im offiziellen Wettkampf in Laborde sah, und es fühlte sich an wie ein Frontalangriff. Ich lief hinter die Bühne und sah den Tänzer – Ariel Pérez, der für die Provinz Buenos Aires antrat – in seine Garderobe schlüpfen, hastig wie einer, der Liebe, Hass oder Mordlust verbergen muss.

*   *   *

»Ojeee, schau nur, was du mit deinem Zeeeh angestellt hast.«

Irma fasst sich mit beiden Händen an den Kopf und sieht auf den Zeh hinunter. Es ist ein riesiger Zeh, der aus einem Fohlenlederstiefel hervorlugt, mit einer klaffenden Wunde an der Spitze.

»Ja, Ma, aber das ist nicht schlimm.«

»Wie, das ist nicht schlimm? Du hast dir ein Stück Zeh abgerissen. Ich hole Verbandszeug und Alkohol zum Desinfizieren.«

»Ist schon gut.«

Irma hört nicht auf ihn und läuft los, um Alkohol und Verbandszeug zu holen. Pablo Albornoz sitzt da und blickt auf seinen Zeh, als hätte er ihn schon öfter so gesehen. Er ist vierundzwanzig Jahre alt und tritt für die Provinz Neuquén an. Er hat mit Ariel Ávalos trainiert, und jetzt kümmert ihn weniger sein Zeh, als möglichst schnell wieder einsatzbereit zu sein – in einer Stunde hat er seinen nächsten Auftritt.

»Tut es weh?«

»Ja, aber wenn du da oben bist, stehst du so unter Strom, dass du so was nicht merkst. Viereinhalb Minuten lang tanzt und stampfst du, sonst nichts.«

Er arbeitet als Pförtner in einem Kindergarten und ist schon oft in Laborde angetreten, so oft, dass er sich selbst fragt, ob er wirklich das Zeug dafür hat.

»Vielleicht ist bei mir einfach Hopfen und Malz verloren. Ich tanze, seit ich zwölf bin. Manche tanzen erst seit vier Jahren, treten hier an und gewinnen. Aber ich könnte ohne das hier nicht leben.«

Irma kommt mit einer Flasche Alkohol und einem Tuch zurück. Sie beugt sich herunter und begutachtet den Zeh, der eine Blutspur hinterlassen hat.

»Oje, da fehlt ein Stück.«

»Schon gut, Ma, später schauen wir weiter. Jetzt muss ich tanzen.«

Irma desinfiziert, Pablo zieht die Plastiktüte und die hohen Lederstiefel an und sucht sich seitlich einen Platz, um seine Muskeln zu dehnen. Ein aufgeschlitzter Zeh, eine Plastiktüte und darüber ein Stiefel, der zwei Nummern zu klein ist – kein besonders komfortabler Gedanke.

»Ich begleite ihn immer«, sagt Irma. »Es ist ein Schlauch, wir sind Montagmorgen um acht angekommen, die Reise dauert ewig, um elf war er für die Probe eingeteilt, also ist er vom Bus direkt hierhergekommen. Am nächsten Tag war seine Probe um vier Uhr morgens, von vier bis sieben. Er steckt da unglaublich viel rein. Er muss seinen Lehrer bezahlen, inklusive Flugticket, Aufenthalt und Stunden. Und das Kostüm kaufen. Aber wenn er gewinnt, ändert das in beruflicher Hinsicht alles, dann kann er selbst andere trainieren, Schüler haben, Jurymitglied werden. Pablo ist noch jung, erst vierundzwanzig, aber wenn man nicht gewinnt, bevor man dreißig ist, hat man ausgeträumt.«

In Laborde gibt es nicht das Konzept des ehemaligen Meisters – wer einmal gewinnt, hält das Zepter für immer in der Hand –, aber der Titel impliziert nicht nur ewigen Ruhm, sondern auch mehr Arbeit und bessere Bezahlung. Ein Tanzlehrer oder Folklorespezialist, so gut er auch sein mag, wird niemals die zweihundert Dollar am Tag bekommen, die ein Meister für Privatstunden oder für eine Juryteilnahme erhält. Deshalb warten die Wettkämpfer, während die Zuschauer vor der Bühne tanzen, schauen, applaudieren, essen und fotografieren, hinter den Kulissen, eingehüllt in die Dämpfe von Arnika und Wundsalben, auf den Augenblick, der vielleicht ihr Leben verändern wird.

»Laborde, Argentinien! Dies sind die Söhne unseres Heimatlandes, die unsere Traditionen hochhalten! Eine kurze Werbepause, gleich geht es weiter!«, ruft der Moderator voller Elan.

* * *

Hernán Villagra lebt in einem Dorf namens Los Altos, in Catamarca. Er ist vierundzwanzig, studiert Kriminalistik, möchte zur Polizei – wie sein Vater – und lebt mit dem Schmerz. Heute, Freitag, sitzt er an einem Ecktisch in der Bar an der Ecke des Dorfplatzes und hat Schmerzen; wenn er aufsteht und zur Toilette geht, hat er Schmerzen. Der Schmerz begleitet ihn überallhin, denn er hat Arthrose in den Zehen, und helfen kann ihm nur eine Operation, doch vorher muss er das Ritual ausführen: auf die Bühne steigen und den letzten Solisten-Malambo seines Lebens auf den Brettern von Laborde tanzen. Villagra ist der Meister von 2010, das heißt, während des letzten Jahres ist er viel gereist, hat Interviews und Autogramme gegeben. Montagmorgen wird er das Zepter abgeben und den Pokal an den neuen Meister überreichen, dem von diesem Moment an all die Aufmerksamkeit zuteilwerden wird, die Villagra bis dahin bekam.

»Ich tanze, seit ich sechs bin. 2007 bin ich zum ersten Mal hier angetreten, ziemlich eingeschüchtert. Auf diese Bühne schafft es nicht jeder. Am Tag unserer Ankunft hat mein Lehrer zu mir gesagt: ›Zieh dich um, wir proben auf der Bühne.‹ Da waren schon andere Teilnehmer dabei, ihren Malambo durchzugehen, und mir war ein bisschen mulmig zumute. Am selben Tag wurde ich krank, ich brach völlig zusammen, musste mich übergeben. Aber ich habe trotzdem getanzt, und es war nicht so schlecht. Ich kam ins Finale, aber das habe ich verloren. 2008 wurde ich Vizemeister. 2009 auch. Zweimal Vizemeister zu werden, ist erniedrigend. Ich hätte lieber verloren, als noch mal Vizemeister zu werden. Das ist mies. Kurz davor zu sein und es dann nicht zu schaffen. Außerdem sieht man sich dann schon wieder ein ganzes Jahr lang erneut trainieren, um noch einmal anzutreten, und das zehrt körperlich. Fünf Minuten lang tritt man auf die Planken ein. Das spürt man in den Beinen, den Sehnen, den Gelenken, mit der Zeit lädiert es einen innerlich und äußerlich. Bei dem vom Norden kriegst du Blasen, bei dem vom Süden brennen dir die Füße, wenn sie über die Planken schürfen, man zieht sich Splitter ein.«

»Und sind all diese Verletzungen es wert?«

»Das Gefühl, das man dort oben hat, ist einfach einzigartig. Absolut elektrisierend. 2010 bin ich wieder angetreten und ins Finale gekommen. Und da habe ich den besten Malambo meines Lebens getanzt. Als ich die Bühne verlassen habe, war ich blind. Ich wusste, dass ich einen Malambo hingelegt hatte wie noch nie zuvor. Ich stand wie unter Schock. Und ich habe gewonnen. Als ich als Meister in mein Dorf zurückgekommen bin, haben die Leute mich an der Landstraße erwartet, in einer über zwanzig Kilometer langen Karawane.«

»Und jetzt?«

»Jetzt will ich nicht zu sehr an den letzten Malambo denken. Ich muss ihn genießen, weil es der letzte ist. Da gehen einem bestimmt viele Dinge durch den Kopf.«

»Was, glaubst du, wird dir durch den Kopf gehen?«

»Na ja, ein Haufen Emotionen.«

»Welche zum Beispiel?«

»Na ja, alles, was im letzten Jahr so passiert ist.«

»Wie was?«

»Na ja, was ich so erlebt habe.«

Fast hätte ich noch einmal nachgehakt, aber dann lasse ich es. Langsam merke ich, dass es zwecklos ist.

* * *

»Dir gehen ein Haufen Sachen durch den Kopf.« »Da kommen viele Gefühle hoch.« »Es ist etwas Unvergessliches.« »Man muss mit der Mentalität eines Meisters hierherkommen.« »Meine Provinz zu repräsentieren, ist schon ein Triumph an sich.« »Die Leute sagen einem wunderbare Dinge.«

Sätze wie die von Fußballern, wenn sie interviewt werden: »Die Mannschaft hat viel Teamgeist«, »Wir sind sehr motiviert«, »Sie waren stärker«. Stellt man konkrete Fragen – woran sie denken, während sie tanzen, welche Erinnerungen sie an die Nacht haben, in der sie gewannen –, wiederholen sie einer nach dem anderen die gleichen Floskeln – wie viele Dinge einem durch den Kopf gehen oder wie unglaublich alles war –, aber selten werden sie konkreter. Insistiert man, damit sie wenigstens eine der wunderbaren Begebenheiten benennen, die ihnen widerfahren sind, erzählen sie zum Beispiel die Geschichte des Meisters von 1996, der sie umarmte und ihnen sagte: »Preise muss man mit einem Inhalt füllen«, oder die des kleinen Jungen in der Dorfschule in Patagonien, der vor Aufregung zitterte, als sie ihm ein Autogramm gaben. Das klingt vielleicht nicht nach besonders viel. Aber für sie – Söhne aus kinderreichen Familien,

die in bitterer Armut in abgelegenen Dörfern aufgewachsen sind, ohne einen einzigen berühmten Vorfahren – ist es
alles.

*   *   *

»Ach nein, hier ist auch zu. Typisch Laborde.«

Carlos de Santis, Delegierter der Provinz Catamarca,
kreuzt in seinem Auto durch den Ort, auf der Suche nach etwas Essbarem. Es ist 12:36 mittags, aber in Laborde macht
um Punkt 12:30 alles zu und erst um vier oder fünf Uhr
nachmittags wieder auf. Nicht einmal die zweitausend Menschen, die während der Festivalwoche hierherkommen, können Mittagspause und Siesta etwas anhaben. Doch Carlos de
Santis, Tanzlehrer und Trainer der beiden Meister aus Catamarca – Diego Argañaraz, der 2006 gewann, und Hernán
Villagra –, findet nichts Ungewöhnliches daran, er kommt
auch aus einem Tausend-Seelen-Dorf namens Graneros, in
der Provinz Tucumán.

»Wir haben in einem Lehmhaus mit Strohdach gewohnt.
Der Kühlschrank war ein Loch im Boden, den wir mit einer feuchten Plane bedeckten, da kamen die Lebensmittel
hinein, die kühl bleiben sollten. Ich habe im Wald Holz ge-
hackt und dann verkauft. Oder Frösche gefangen und verkauft. Weil ich etwas lernen wollte, bin ich morgens um fünf
Uhr losgegangen, bis zur Schule waren es drei Stunden, sie
fing um acht Uhr an. Um zwölf war sie aus, um vier war
ich wieder zu Hause. Von fünf Uhr nachmittags bis Sonnen-
untergang habe ich auf dem Feld gearbeitet. Abends habe
ich in einer Kneipe gekellnert und den Boden gefegt, für
ein Schnitzel und Trinkgeld. Irgendwann kam jemand im
Dorf vorbei, der Malambo unterrichtete, da bin ich hin. Ich
wollte alles lernen, Malambo, Englisch, Klavier, was auch
immer, um aus dem Dorf rauszukommen. Nicht, weil ich
es nicht mochte, aber ich wollte nicht mein Leben lang auf

der Scholle arbeiten, im Wald. Deshalb glaube ich, dass der Malambo sehr für uns steht. Unser Leben ist karg und hart. Wie der Malambo. Und man muss den jungen Leuten sagen, dass es das ist, was sie ausdrücken müssen, diese Essenz. Die Tradition verteidigen. Nur ist es mit vielen Opfern verbunden, man muss sich dreihundertfünfundsechzig Tage vorbereiten, um fünf Minuten zu tanzen. Und wenn man in diesen fünf Minuten irgendetwas falsch macht, ist ein Jahr Arbeit dahin. Und es sind alles ganz einfache junge Männer, für sie alle ist es harte Arbeit.«

Um ein Uhr mittags, als wirklich offensichtlich ist, dass rein gar nichts aufhat, hält Carlos de Santis vor der Schule Mariano Moreno, in der seine Delegation untergebracht ist.

»Kommen Sie rein, so lernen Sie die anderen kennen.«

In der sengenden Hitze des asphaltierten Schulhofs sind mehrere Wäscheleinen gespannt, und drei oder vier Männer spielen Karten. Das Innere der Schule wirkt wie ein Flüchtlingslager. Unter dem warmen Luftzug von fünf Deckenventilatoren sind Matratzen auf dem Boden ausgebreitet, die wiederum mit Decken, Handtüchern, Hüten, Kleidern, Gitarren, Trommeln und Menschen bestückt sind. An den Wänden hängen Schilder mit der Aufschrift: *Die Räumlichkeiten sind sauber und in Ordnung zu halten, aus Rücksicht auf alle.* Wärmflaschen und Mate-Kalebassen stehen herum, Matetee-Packungen, Zucker, Babyflaschen, Safttüten von Billigmarken, Karamellcreme, Teebeutel, Brot, Windeln, Kekse. Ponchos hängen vor den Fenstern, ein paar Frauen bügeln ihre Kleider für abends. Die Hitze hängt in der Luft wie dichter Nebel. Carlos de Santis deutet auf eine Ecke in einem Klassenzimmer und sagt:

»Da schlafe ich.«

In der Ecke liegt eine Matratze, sonst nichts.

*   *   *

Ihr Durchschnittsalter ist dreiundzwanzig. Sie rauchen nicht, sie trinken nicht, sie gehen früh schlafen. Viele hören Punk oder Heavy Metal oder Rock, und alle sind in der Lage, einen Pericón-Rhythmus von einer Cueca zu unterscheiden, einen Walzer von einer Vidala. Sie haben ehrfürchtig Bücher wie *Martín Fierro*, *Don Segundo Sombra* oder *Juan Moreira* gelesen, Elogen auf die Tradition und die Welt der Gauchos. Die Saga, die diese Bücher und ein paar alte Filme – wie *La guerra gaucha* – bilden, sind für sie eine Quelle der Inspiration, wie für andere *Harry Potter* oder *Star Trek*. Sie messen Begriffen wie Respekt, Tradition, Heimat, Fahne eine große Bedeutung bei. Sie streben danach, auf der Bühne wie im übrigen Leben Eigenschaften an den Tag zu legen, die den Gauchos zugesprochen werden: Genügsamkeit, Mut, Stolz, Ehrlichkeit, Offenheit. Rau und stark zu sein, um mit den Schlägen des Schicksals umzugehen. Derer es immer viele gab und geben wird.

*   *   *

Héctor Aricó ist Tänzer und Choreograph und darüber hinaus auch, als Folklorespezialist, Autor von Büchern und Artikeln über traditionelle argentinische Tänze. Seit fünfzehn Jahren ist er Jurymitglied in Laborde. Er hat einen blendenden Ruf. Heute, Freitag, sitzt er, wie jeden Tag, von acht Uhr abends bis sechs Uhr morgens am Jurytisch. Um zehn Uhr hat er einen Vortrag über traditionelle Tracht gehalten. Jetzt raucht er unter einem Sonnenschirm auf dem Festivalgelände, ganz in Schwarz gekleidet. Er artikuliert sorgfältig seine Worte und gestikuliert ausschweifend wie ein Stummfilmschauspieler.

»In kommerzieller Hinsicht ist Laborde nicht so bekannt wie andere Festivals, weil es den Organisatoren und Delegierten so lieber ist. Aber es ist die Hochburg des Malambo und die höchste Weihe für einen Tänzer.«

»Welche Dinge bewertet die Jury, wenn sie einen Tänzer sieht?«

»Zunächst einmal die Symmetrie. Der Malambo ist ein vollkommen symmetrischer Tanz, ausgeführt von einer menschlichen Anatomie, die logischerweise asymmetrisch ist. Die erste Übung, und die schwerste, besteht darin, Symmetrie zu schaffen: in Geschick, in Intensität, im Klang, in räumlicher Ausgewogenheit. Das zweite Problem ist die Ausdauer. Alle hier wissen, dass sie nicht mit einem zwei oder drei Minuten langen Malambo gewinnen werden, dass sie an die fünf Minuten kommen müssen. Das Durchhaltevermögen wird also auch bewertet. Dann die Gesamtstruktur, die ansprechend sein soll, aber die Regeln respektieren muss: Die Beine dürfen zum Beispiel nicht über eine bestimmte Höhe gehoben werden, das ist ja keine Show, sondern ein Wettkampf. Und dann die musikalische Begleitung. Oft gelingt es nicht, dass die Musik den Tänzer wirklich begleitet, sie tritt zu sehr in den Vordergrund und schadet ihm dadurch. Und zu guter Letzt die Kleidung. Ob die Bordüren der Ponchos aus der entsprechenden Gegend kommen, ob die Hosen nicht zu gerafft sind. Wenn diese Jungs gewinnen, öffnet es ihnen die Tür zu einem bedeutenden Arbeitsmarkt, aber es bedeutet auch eine frühe Pensionierung. Mit einundzwanzig, zweiundzwanzig Jahren gehen sie hier als Sieger hervor, und das war es dann mit diesem Tanz. Es gibt keine Regel, die es verbietet, aber natürlich spielt da auch die Überlegung hinein: ›Und wenn ich bei diesem oder jenem Festival mitmache und jemand besiegt mich? Da halte ich mich besser an den Ruhm, den ich schon habe.‹«

*   *   *

»Alle wie einer, an den Boden geheftet, das will ich von euch.«

Am frühen Nachmittag trainiert ein Malambo-Quartett

36

unter der stechenden Sonne auf der Bühne. Sie tragen glitzernde T-Shirts, Surfer-Shorts und sind barfuß. Der Trainer wiederholt:

»Das ist alles, was ich will. Zusammen, zusammen, zusammen. Wie ein Einziger.«

Und sie – zusammen, zusammen, zusammen, ein Einziger – stampfen auf den Boden, als wollten sie ihm ein Geständnis abringen. Unterdessen sitzt Pablo Sánchez, der Delegierte von Tucumán, im Schatten der Eukalyptusbäume und spricht zu einer Gruppe junger Leute, die ihm mit besorgter Miene zuhören.

»Wir müssen Stärke beweisen. Andere Festivals sind schön und gut, aber Laborde ist ein anderes Kaliber. Ein gewaltiges. Zum ersten Mal in fünfundfünfzig Jahren Tanz ist uns das passiert, aber wir werden das Geld für den Bus schon auftreiben. Daran dürft ihr jetzt nicht denken, eure Aufgabe ist es, auf der Bühne alles zu geben.«

Die Gruppe nickt und löst sich auf. Sánchez – der Patriarch einer Familie von Malambo-Tänzern aus Tucumán, der sechs Meister und zwei Vizemeister vorbereitet hat – erklärt mir, dass der Bus, der sie aus Tucumán hierherbringen sollte und bereits bezahlt war, nie aufgetaucht ist. In letzter Minute mussten sie einen anderen auftreiben, den sie natürlich ebenfalls bezahlen mussten.

»Wir haben uns ziemlich verschuldet, aber es wird sich schon eine Lösung finden.«

»Ihr habt nicht überlegt, die Reise abzublasen?«

»Keine Sekunde. Nicht nach Laborde zu kommen, ist undenkbar.«

Pablo Sánchez' ältester Sohne Damián war dazu bestimmt, der nächste große Meister in Laborde zu werden, als er mit zwanzig Jahren an einer Gehirnblutung starb. Stattdessen trat sein jüngerer Bruder Marcelo an und gewann den Titel 1995.

»Die Kraft des Malambo liegt im Kopf, im Herzen. Das

Äußere ist Technik. Das Klopfen mit dem Fuß muss perfekt sein, man muss den Fußrücken heben und aufdrücken, die Energie, die Ausstrahlung steigern können. Aber der Ausdruck ist beim Malambo viel stärker als bei anderen Tänzen, deshalb genügt die Technik allein nicht, man muss das Holz ertasten, fühlen, sich in die Bühne eingraben. An dem Tag, an dem das verloren geht, ist alles verloren. Man muss Tritt für Tritt spüren. Wie einen Herzschlag. Die Botschaft muss die Menschen ganz klar erreichen.«

»Was ist die Botschaft?«

»Die Botschaft ist: ›Hier bin ich, aus dieser Gegend komme ich.‹«

*   *   *

»Ich habe ihn Fausto genannt, nach dem *Fausto*. Ich glaube, wir Argentinier müssen in allem argentinisch bleiben. Brian oder Jonathan, so was ist nichts für mich. Noch dazu mit meinem Nachnamen, Cortez, das passt gar nicht.«

Fausto ist eine Verserzählung aus dem 19. Jahrhundert des argentinischen Schriftstellers Estanislao del Campo, eines der Hauptwerke der Gaucho-Literatur. Und Name des Sohnes von Víctor Cortez, Malambo-Meister von 1987 aus der Provinz Córdoba und von der Festivalkommission zur Persona non grata erklärt, nachdem Cortez einen Prozess vor dem Arbeitsgericht angestrengt hatte, als ihm seine Arbeit als Lehrer in der Tanzschule des Ortes gekündigt wurde.

»Die Meister haben gewisse Privilegien. Sie bezahlen keinen Eintritt, sie essen umsonst. Ich muss Eintritt bezahlen, ich muss mein Essen bezahlen, aber das Schlimmste ist, dass ich meine Teilnehmer nicht hinter die Bühne begleiten darf. Das ist, als würde man einen kleinen Jungen ein Jahr lang beschützen und ihn im letzten Moment der Mutter berauben. Es ist ein wichtiger Moment. Wenn man die Stiefel anzieht, wenn man sich als Gaucho kleidet, wenn man spürt, wie der Malambo in einem aufsteigt.«

Víctor Cortez arbeitet inzwischen als Schweißer bei einem Omnibushersteller. Von Zeit zu Zeit stoßen seine Kollegen in der Zeitung auf einen Artikel über ihn und sind jedes Mal ganz überrascht, erzählt er.

»›Schau nur, wer der Alte ist, der mit uns arbeitet‹, sagen sie dann.«

Er sitzt auf einer Bank am Dorfplatz. Die Lokale ringsum füllen sich langsam, und auf dem Rasen sind Gruppen von jungen Leuten verteilt, die Gitarre spielen oder tanzen. In diesem Jahr hat Cortez Rodrigo Heredia aus Córdoba vorbereitet, der zum ersten Mal in der Hauptkategorie Malambo antritt.

»Ein prachtvoller Kerl. Gesund, integer. Künstler kann man schaffen, aber gute Menschen nicht. Als ich nach Laborde kam, hielt ich mich für den Besten von allen. Du hättest mich vor Gott stellen können, und ich hätte gesagt: ›Ich bin besser als Gott.‹ Na ja, deshalb muss man mit ihnen arbeiten. Damit sie nicht die Bescheidenheit verlieren, aber trotzdem da oben sagen können: ›Ich bin der Beste.‹«

»Und wenn man verliert?«

»Das ist schmerzhaft. Aber man stirbt auch nicht daran.«

*　　*　　*

Nach zwei Minuten wird es zermürbend. Eine durchschnittlich trainierte Person könnte ohne größere Probleme einen zweiminütigen Malambo tanzen. Doch nach diesen zwei Minuten hält der Körper nur dank eines eisernen Trainings und der Endorphine durch, deren Freisetzung die Panik zu verdrängen sucht, die Atemnot, Muskelkrämpfe, Gelenkschmerzen, die angespannte Erwartung von sechstausend Zuschauern und die prüfenden Blicke einer Jury hervorrufen, der kein Atemzug entgeht. Vielleicht steigen deshalb alle von der Bühne, als hätten sie etwas Schreckliches durchgemacht.

*   *   *

Die Temperatur kann tagsüber bis über vierzig Grad ansteigen, nachts sinkt sie unweigerlich. Heute, am Freitag, den 14. Januar, um zwölf Uhr dreißig vormittags, dürfte sie bei etwa dreizehn Grad liegen, doch hinter der Bühne geht es rund. Menschen, die sich anziehen und ausziehen, schwitzen, herumlaufen, musizieren. Der Teilnehmer für die Provinz La Rioja, Darío Flores, kommt von der Bühne wie alle anderen auch: blind vor Inbrunst, gekreuzigt, mit verlorenem Blick und eingestemmten Händen, nach Luft ringend. Jemand umarmt ihn, »danke, danke«, sagt er, wie jemand, der aus einer Trance erwacht. Ich sehe zu und denke mir, dass ich mich langsam daran gewöhne, immer wieder die gleiche unerträgliche Spannung zu beobachten, wenn sie in den Garderoben sind, die gleiche feurige Explosion, wenn sie auf die Bühne treten, die gleiche Agonie und exakt die gleiche Ekstase, wenn sie herunterkommen. Wieder höre ich Gitarrenzupfen auf der Bühne. Doch da ist etwas an diesem Zupfen – etwas wie die Spannung eines über den Boden kriechenden Tiers, das jeden Moment zum Sprung ansetzen kann –, das mich aufhorchen lässt. Ich drehe mich um, laufe gebückt um die Bühne und setze mich hinter den Jury-Tisch.

Es ist das erste Mal, das ich Rodolfo González Alcántara sehe.

Und was ich sehe, verschlägt mir die Sprache.

*   *   *

Warum, wenn er sich doch nicht von den vielen anderen unterschied. Beige Jacke, graue Weste, steifer Hut, roter Chiripá-Poncho und ein schwarzes Band als Krawatte um den

Hals. Warum, war ich doch gar nicht in der Lage, zwischen einem hervorragenden und einem mittelmäßigen Tänzer zu unterscheiden. Aber da war er – Rodolfo González Alcántara, achtundzwanzig Jahre, Teilnehmer für die Provinz La Pampa, mächtig groß –, und da war ich, stumm auf dem Rasen sitzend. Als er fertig getanzt hatte, erklärte die belegte Frauenstimme ungerührt:

»Zeit: Vier Minuten, zweiundfünfzig Sekunden.«

Und genau das war der Moment, an dem diese Geschichte eine andere wurde. Eine schwierige Geschichte. Die Geschichte eines gewöhnlichen Mannes.

*   *   *

In dieser Freitagnacht rauschte Rodolfo González Alcántara auf die Bühne wie ein böser Wind oder ein Puma, wie ein Hirsch oder ein Seelendieb, und blieb zwei oder drei Takte regungslos stehen, mit gerunzelter Stirn, den Blick auf etwas gerichtet, das niemand sehen konnte. Seine erste Bewegung mit den Beinen brachte die weite weiße Cribo-Hose zum Wogen wie ein weiches Wesen unter Wasser. Dann, vier Minuten und zweiundfünfzig Sekunden lang, brachte er die Nacht zum Knistern.

Er war das Feld, war die trockene Erde, war der gespannte Horizont der Pampa, er war der Geruch der Pferde, der Klang des Sommerhimmels, das Summen der Einsamkeit, der Zorn, die Krankheit und der Krieg, das Gegenteil von Frieden. Er war das Messer und der Schnitt. Er war der Kannibale. Er war eine Strafe. Am Ende stampfte er mit der Wucht eines Ungeheuers auf das Holz und blieb stehen, durch die aufgefächerten Luftschichten der Nacht blickend, die sternenbesetzt und funkelnd war. Und mit einem Lächeln im Mundwinkel – wie ein Prinz, ein Ganove oder ein Teufel – berührte er die Krempe seines Hutes. Und trat ab.

So war es.

Ich weiß nicht, ob geklatscht wurde. Ich erinnere mich nicht.

* * *

Was tat ich dann? Ich weiß es, weil ich mir diese Notizen machte. Ich rannte hinter die Bühne, doch obwohl ich versuchte, ihn in dem Tumult zu finden – einen sehr großen Mann mit einem Hut und einem roten, um die Hüfte gewickelten Poncho –, war er nirgends zu sehen. Bis ich vor der offenen Tür einer der Garderoben einen kleinen Mann erblickte, nicht größer als einen Meter fünfzig, ohne Jacke, ohne Weste, ohne Hut. Ich erkannte ihn an seinem Keuchen. Er war allein. Ich trat zu ihm. Fragte ihn, woher er komme.

»Aus Santa Rosa, La Pampa«, sagte er, mit dieser Stimme, die ich in der Folge so oft hören sollte, und dieser Art, den Sätzen am Ende die Luft zu entziehen, als wollte er sich nicht zu viel Bedeutung beimessen. »Aber ich lebe in Buenos Aires. Ich bin Tanzlehrer.«

Er bebte – seine Hände und Beine bebten, seine Finger bebten, als er sich mit ihnen durch den Bart fuhr, der ihm kaum das Kinn bedeckte –, und ich fragte ihn nach seinem Namen.

»Rodolfo. Rodolfo González Alcántara.«

In diesem Augenblick sagte der Moderator laut meinen Notizen etwas, das ungefähr so klang: »Molinos Marín, Mehl gegen Cholesterin.« In dieser Nacht schrieb ich nichts weiter auf. Es war zwei Uhr morgens.

* * *

Es ist Samstag, ich bin auf der Suche nach Fernando Castro und Sebastián Sayago. Fernando Castro ist der Trainer von Rodolfo González Alcántara und begleitet seine Auftritte auf der Gitarre. Er gewann den Meistertitel 2009 mit einundzwanzig Jahren und ist außerdem der Bruder von Sebastián Sayago, drei Jahre älter als er, der für Santiago del Estero antritt, die Provinz mit den meisten Meistern. Diese drei Männer bilden ein seltsames Dreieck. Sebastián Sayago ist Bruder von Fernando Castro, der Rodolfo trainiert und auf der Gitarre begleitet, der wiederum Sebastián Sayagos Gegner ist. Und obwohl sie sich schon ihr ganzes Leben lang kennen, erfuhr Fernando Castro erst mit neunzehn Jahren, dass Sebastián Sayago sein Bruder ist.

*   *   *

Sebastián Sayago ist groß und dünn, seine Haut, seine Augen, sein Haar und sein Bart sind sehr dunkel. Er sitzt im Innenhof des Hauses, das er mit sieben anderen Teilnehmern gemietet hat. Normalerweise lebt er mit seiner Mutter und seiner zehnjährigen Schwester Milena in der Provinzhauptstadt Santiago. Er tanzt, seit er vier ist, jetzt ist er sechsundzwanzig, und seit fünf Jahren reist er auf Luxuskreuzfahrtschiffen über die Meere und tritt als Malambo-Tänzer auf. In Laborde teilt er sich das Bett mit einem Freund, weil es keinen Platz für mehr Betten gibt.

»Die Leute sagen mir: ›Wozu gehst du denn nach Laborde zum Tanzen, wenn du dir draußen in der Welt dein Geld verdienen kannst?‹ Aber sie verstehen nicht, was es mir bedeutet. Die Bühne von Laborde ist einzigartig. Auf diesen Brettern zu stehen, über die all diese Seelen gekommen sind, all diese Meister. Bevor ich sie betrete, bitte ich diese Seelen um Erlaubnis, tanzen zu dürfen.«

Er tritt zum dritten Mal in der Hauptkategorie Malambo Mayor an – zuvor 2006 und 2010 –, aber er ist nie ins Finale gekommen.

»Ich habe viele Verträge mit Kreuzfahrtschiffen gekündigt, um in Santiago zu bleiben und zu trainieren. Es ist ein Opfer, denn ich unterstütze meine Mutter und meine kleine

Schwester, die wie meine Tochter ist, mein Ein und Alles, aber es muss sein. Ich stehe um sechs Uhr morgens auf, gehe laufen, dann tanze ich. Man muss das Auftreten trainieren, die Haltung, den aggressiven Blick, die Miene eines Gauchos zeigen. Stundenlang übst du vor dem Spiegel, um zu einem schrofferen Ausdruck zu gelangen. Ich versuche, mir ansehen zu lassen, dass ich das Territorium markieren, etwas verteidigen werde. Und wenn ich die Bühne betrete, versuche ich, mich erleuchtet zu fühlen. Als sollten die Leute bei jeder Figur eine Gänsehaut bekommen. Normalerweise fängt man langsam an, dann kommen die schwierigeren Sachen, und der Rhythmus wird immer schneller, damit du deine Geschicklichkeit zeigen kannst, deine Präzision und Kraft, und am Ende kommt die Ausdauer. Wenn es sehr schnell wird, übergibt man dem Malambo sein Herz, denn die Muskeln ermüden, und dann ist es Seele und Leben, du gibst ihm alles, was du hast.«

Sebastián hat schmale dunkle Füße und geht barfuß, weil er beim Malambo aus dem Norden Blasen bekommen hat, die aufgeplatzt sind, als er den aus dem Süden tanzte.

»Die ganze Bühne war voller Blut, aber solange du auf den Brettern stehst, spürst du keinen Schmerz. Du wächst über dich hinaus. Du bist ein riesiger Mensch inmitten des Nichts.«

Sein Vater verließ seine Mutter, als sie mit Sebastián schwanger war, er lernte ihn erst mit zehn Jahren kennen. Da hatte der Vater bereits eine andere Frau und drei Söhne, der älteste davon Fernando Castro.

»Ich kannte Fernando aus dem Folkloremilieu in Santiago, uns hat es beide zum Tanzen gezogen. Ich wusste, dass er mein Bruder war, alle wussten es. Der Einzige, der es nicht wusste, war er. Eines Tages hat jemand zu ihm gesagt: ›Richte deinem Bruder Grüße aus.‹ Und er: ›Welchem Bruder?‹ – ›Na Sebastián.‹ Da kam er zu mir und hat mich gefragt.«

»Und was hast du ihm gesagt?«

»Ich habe ihm die Hand auf die Schulter gelegt und gesagt: ›Ja, Fer, setz dich hin, und lass uns reden.‹«

»Wie hat er es aufgenommen?«

»Gut, sehr gut. Fer und ich sind echte Freunde.«

Das Jahr, in dem Fernando Castro gewann, hatte er Sebastián Sayago bei der Vorauswahl ausgestochen, so dass Sayago 2009 nicht teilnehmen konnte, obwohl er sich das ganze Jahr vorbereitet hatte.

»Ich habe auf einem Schiff vor Australien erfahren, dass Fer Meister geworden ist. In meiner Kajüte, mit vierzehn Stunden Zeitunterschied, habe ich alles auf dem Computer angeschaut und hab losgeheult.«

»Hast du ihn beneidet?«

»Nein! Ich war froh. Stolz. Traurig, nicht dort sein zu können. Wenn jemand aus Santiago gewinnt, ist es für mich schon das Höchste. Und dann erst mein eigener Bruder, noch besser.«

»Und wenn du gewinnst, was tust du mit deinem Pokal?«

»Ich schenke ihn meinem Großvater.«

*　　*　　*

Fernando Castro ist im Presseraum, in Jeans und einem roten T-Shirt, aus dem eine Kette hervorschaut, die ein Rosenkranz sein könnte, das lange, vom Duschen noch feuchte Haar zu einem Dutt gewickelt.

»Man muss einen guten Eindruck machen. Ich war 2009 Meister, da muss man ordentlich angezogen sein, darf kein schlechtes Beispiel abgeben. Als Meister wird man genauer angeschaut.«

Mit zehn Jahren hat er mit dem Tanzen begonnen, jetzt lebt er in Buenos Aires und studiert Folklore, aber es fällt ihm schwer, mit dem Rhythmus der Stadt Schritt zu halten.

Sein Haus liegt in dem Vorort San Fernando, etwa vierzig Kilometer vom Stadtzentrum entfernt.

»Jeden Tag mit der Bahn in die Stadt zu fahren, ist mühsam. Ständig komme ich zu spät. Ich vermisse Santiago. Dort besaß ich Vogelkäfige, machte mittags meine Siesta. In Buenos Aires ist alles eine Hetze. Für mich ist das nichts. In Santiago ging ich angeln, fing mir mit Fallen ein paar Vögel. Ich bin sehr geduldig, ich kann stundenlang angeln.«

»Woran denkst du, wenn du angelst?«

»An nichts. Ich schaue zu, wie das Wasser fließt.«

Niemand kannte Fernando Castro, als er mit einundzwanzig Jahren zum ersten Mal in der Hauptkategorie in Laborde antrat. Da er fünf oder sechs Jahre jünger wirkt und nicht besonders groß ist, fragten ihn alle, ob er in der Kategorie für Jugendliche unter zwanzig antrete. Aber sein Malambo schlug ein wie ein Meteorit. Seine Spezialität ist der Malambo aus dem Norden, und er gab alles, in einer leuchtenden, mutigen, kräftigen Schrittfolge, die alle überwältigte und mit der er Hernán Villagra den Sieg entriss, der im Vorjahr Vizemeister und damit der Favorit gewesen war.

»Als ich hier antrat, musste ich gegen mein Milchgesicht ankämpfen. Ich war neu, keiner gab einen müden Heller auf mich, ich war so klein. Aber ich war vorbereitet.«

»Wer hat dich vorbereitet?«

»Ich habe mich selbst vorbereitet. Ich habe mir eine Methode ausgedacht. Ich ging laufen und dachte dabei an den Malambo. Ich lief mit Haltung. Ich ging mit Haltung. Ich duschte mich mit Haltung. Um in die Haut eines Gauchos zu schlüpfen, habe ich mir Gaucho-Filme angeschaut, *Juan Moreira, Martín Fierro,* um zu verstehen, wie ein Gaucho war, warum er litt, wie er ging. Denn ich wollte das Bild eines Mannes abgeben, eines Gauchos, mit meinem bartlosen Milchgesicht. Gerade erst ist mir das bisschen Bart hier gewachsen. Aber als ich getanzt habe, sind die Leute aufgestanden und haben zu klatschen angefangen, und ich bin ganz zufrieden von der Bühne gegangen. Und dann haben sie mich zum Meister erklärt. Dann kamen die Interviews, Fernsehen, Radio, und ich so schüchtern und stumm. Niemand hat mir beigebracht, wie man sich ausdrückt. Ich musste es lernen. Und im nächsten Jahr, als ich den Pokal übergeben habe, sind alle Gefühle in mir hochgekommen.«

»Was hast du gefühlt?«

»Dass etwas zu Ende war. Jetzt kann ich nicht mehr tanzen. Sie lassen mich hier nicht. Sonst würde ich überall antreten. Aber es ist wie ein Pakt, um den Titel zu schützen. Wenn man irgendwo anders verliert, reißt man das Festival herunter. Aber ich mag den Gedanken, dass meine Schüler meine Augen, meine Seele, meine Füße auf der Bühne sind.«

»Stört es dich, dass das Festival so wenig bekannt ist?«

»Nein, gar nicht. Es gibt nicht viele Festivals wie dieses, die ihre Tradition beibehalten, nicht so effekthascherisch sind, die keinen Applaus suchen, und wo es auch keine E-Gitarren gibt.«

Fernando Castro war Skater, machte Judo und Karate, und neben Folkloremusik hört er bis heute gerne Punk (besonders gefällt ihm die argentinische Gruppe Flema) und Rock (El Otro Yo, Dos Minutos, Andrés Calamaro). Er sagt, seine Freunde hätten immer verstanden, dass diese Vorlieben mit völliger Enthaltsamkeit vereinbar seien.

»Erst in den letzten beiden Jahren habe ich angefangen, ein bisschen Alkohol zu trinken. Aber ich war noch nie betrunken. Ich repräsentiere meine Provinz, ich kann sie nicht schlecht dastehen lassen.«

Seine Eltern haben ihn nie in Laborde tanzen sehen, weil sie die Reise hierher nicht bezahlen konnten. In dem Jahr, in dem Fernando Meister wurde, ist er mit seinem Onkel Enrique Castro nach Laborde gekommen, der kurz zuvor an einem Tumor operiert worden war und noch eine Drainage hatte.

»Er hat mir Glauben gegeben, er hat mir gesagt, ich solle die Bibel lesen, beten. Er hat eigentlich keine Ahnung vom Malambo. Er hat mich hier zum ersten Mal tanzen gesehen, aber es hat ihn schwer beeindruckt. Ich steige auf die Bühne und komme mir vor wie King Kong, alle anderen ganz klein und ich riesig groß. Ich versuche, diese innere Ruhe zu finden, dass innen alles ganz langsam geht und ich außen schneller bin als alle anderen. Für mich ist der Malambo wie eine Geschichte. Mein Malambo hat dreiundzwanzig Figuren, und jede Figur hat ein Gefühl. Die erste ist die Visitenkarte. Da sieht man, ob du geschickt bist, ob du Ausstrahlung hast, Klasse, Präsenz. Und dann ist es, als würdest du deine Geschichte erzählen: Deshalb habe ich gelitten, das habe ich durchgemacht.«

»Hast du so viel durchgemacht?«

»Ich komme aus einer einfachen Familie. Ich habe alle möglichen Jobs gehabt, um mir ein bisschen Geld zu verdienen. Bei uns arbeitet nur mein Vater, er ist Busfahrer in Santiago, und wir sind drei Geschwister. Na ja, vier. Ich habe einen Bruder, Sebastián Sayago, der ist auch ein Sohn meines Vaters. Wir kennen uns aus der Szene, weil wir beide tanzen, aber ich wusste lange Zeit nicht, dass er mein Bruder ist, bis ein Lehrer mir eines Tages gesagt hat: ›Richte deinem Bruder Grüße aus.‹ Darauf ich: ›Welchem Bruder?‹ Und er: ›Na, dem Sebas.‹ Ich habe ihn gefragt, und da stellte sich heraus, dass er es wusste. Ich war stolz, einen älteren Bruder zu haben, der das Gleiche tat wie ich. Dass wir beide die Provinz repräsentieren konnten, meine Heimat.«

»Und warst du nicht böse auf deinen Vater?«

»Nein, überhaupt nicht. Ich habe mich schon gefragt, warum er es uns wohl nicht gesagt hat. Aber mit meinem Vater habe ich nicht über das Thema gesprochen. Ich habe ihm nicht erzählt, dass ich es wusste, aber später ist er selbst draufgekommen. Meine kleineren Geschwister wissen nicht, dass Sebas mein Bruder ist. Aber ich bin mir nicht sicher, ob es an mir ist, es ihnen zu sagen. Ich glaube nicht. Ich glaube, es wäre richtig, wenn mein Vater es ihnen sagen würde, oder nicht?«

*   *   *

Sie sind einundzwanzig, zweiundzwanzig, dreiundzwanzig Jahre alt. Sie streben danach, auf der Bühne, aber auch sonst, die Eigenschaften zu haben, die gemeinhin den Gauchos zugeschrieben werden: Genügsamkeit, Mut, Stolz, Ehrlichkeit, Offenheit. Rau und stark zu sein, um mit den Schlägen des Schicksals umzugehen. Derer es immer viele gab und geben wird.

*   *   *

Samstagnacht befindet sich der Teilnehmer der Provinz Mendoza in der Garderobe Nummer 5, deren Wände nicht bis zur Decke reichen. Die Tür ist geschlossen, aber die Gitarrenklänge dringen hindurch wie eine feste Materie, eine Mauer aus Adrenalin und Vorzeichen. Als er an der Reihe ist, schreitet der Tänzer mit gerunzelter Stirn zur Bühne, ohne jemanden anzuschauen. Und in seinem Gesicht lese ich, was ich jede Nacht in allen Gesichtern lese: die Gewissheit um eine absolute Einsamkeit, die Erleichterung und Angst in dem Wissen, dass der Moment endlich gekommen ist.

*   *   *

Ein Teilnehmer der Hauptkategorie, der dazu ansetzt, den Malambo des Nordens zu tanzen, wirkt wie ein Stier, der gleich die Hörner zum Angriff senkt. In dieser Nacht, um vier Uhr morgens, betritt ein Mann die Bühne, als wollte er dem Universum den Krieg erklären, stellt sich in der Mitte auf und wartet ein paar Sekunden, die Beine breit, die

Enden seines Halstuchs trügerisch unschuldig über die Brust gelegt. Die ersten Figuren – in Stiefeln, die wie alle anderen Nägel in den Absätzen haben, damit sie besser klingen – sind fast gelassen. Die weiten Hosen bauschen sich langsam, wie träge Quallen, mit erhobenem Kinn knickt der Tänzer die Knöchel ein, schleift die Schuhsohlen über den Boden, stellt sich auf die Absätze, peitscht mit dem Fuß, während der aufrechte Oberkörper den Bewegungen ganz natürlich folgt, als wäre er eine Säule aus Fleisch und Marmor. Nach anderthalb Minuten bildet sich bei jeder Drehung eine Krone aus winzigen Schweißtropfen um seinen Kopf. Nach drei Minuten ist der Malambo eine Wand aus Klängen, ein Wirbel aus Stiefeln, Trommel und Gitarre, der zu einem atemlosen Tempo ansteigt. Nach vier Minuten stampfen die Füße mit entfesselter Wildheit auf den Boden ein, die Gitarre, die Trommel und die Stiefel sind eine Masse aus Schlägen, bis der Mann nach vier Minuten fünfzig den Kopf neigt, ein Bein hebt und es mit Wucht auf den Holzboden knallen lässt, das Herz geschwellt wie ein Ungeheuer, der Gesichtsausdruck frenetisch klar, als hätte er soeben eine Erleuchtung gehabt. Nach einigen Sekunden düsterer Starre, während derer das Publikum schreiend applaudiert, verlässt der Mann wie jemand, der sein Magazin auf einen Toten entlädt, mit wütend klappernden Schritten die Bühne, und alles an ihm scheint zu schreien: *Daraus bin ich gemacht – ich bin zu allem fähig.*

* * *

Es ist Sonntag, elf Uhr vormittags. Heute werden die Namen derjenigen bekanntgegeben, die ins Finale kommen, und im ganzen Dorf ist die Mischung aus Aufregung und Resignation zu spüren, mit der gewartet wird.

Hugo »Cachete« Moreyra, Meister von 2004 für Santa Fe, sitzt auf dem Festivalgelände unter dem Blechdach, das die

Grillzone vor einem leichten Regen schützt. Er ist einunddreißig Jahre alt und sagt, inzwischen sei er dick, wie alle Meister.

»Wenn du zu trainieren aufhörst, nimmst du sofort zu. Uns Meister der Vorjahre erkennt man am Bauch. Es ist eine zu große Willensanstrengung, sich zu sagen: ›Ich komme nach Laborde, ich gewinne die Meisterschaft und trainiere dann noch drei Jahre weiter.‹«

Moreyra ist nicht dick, doch vergleicht man seine heutige Gestalt mit der des mageren jungen Mannes, der sieben Jahre zuvor die Meisterschaft gewonnen hat, sieht man doch ein paar Veränderungen. Die auffälligste ist sein Leibesumfang, der 2004 tatsächlich ein anderer war.

»Als ich gewonnen habe, fiel mir ein Stein vom Herzen. Vier Jahre lang bin ich angetreten. 2003 wurde ich Vizemeister, da habe ich mir gesagt: ›Wenn ich jetzt nicht gewinne, trete ich nicht mehr an.‹ Das Trainieren fiel mir immer schwerer.«

Er ist Sohn einer Hausfrau und eines Metallarbeiters und tanzt, seit er vier Jahre alt ist, zunächst im städtischen Ballett anstelle seiner erkrankten Schwester, um ihren Platz zu halten. Er hat die Meisterschaft von Laborde mit gerade mal fünf Monaten Training gewonnen, da eine Zerrung und ein verstauchter Knöchel ihn zwischen April und August jenes Jahres in Gips und zur Rehabilitation zwangen.

»Aber das weiß niemand, ich habe es niemandem erzählt. Sonst fangen sie gleich an, dich runterzuziehen: ›Ach, du Armer, wie wirst du denn da überhaupt tanzen können, das strengt dich sicherlich sehr an.‹ Und man gibt ihnen einen Vorteil – es ist nicht dasselbe, gegen jemanden anzutreten, der verletzt war, als gegen jemanden, der das ganze Jahr trainiert hat. Aber ich habe gewonnen. Natürlich ist ein Sieg in Laborde, als würde man dir die Beine abschneiden. Du kannst dann noch in anderen Kategorien antreten, im Quartett oder Paartanz, aber nicht mehr als Solist. Wir kommen her, um zu gewinnen, in dem Wissen, dass wir verlieren werden. Und wir, die wir nach Laborde kommen, wissen ja, was es bedeutet, aber draußen versteht es niemand.«

»Hättest du gern, dass es bekannter wäre?«

»Nein, ganz und gar nicht. Wir, die wir uns im Tanzen auskennen, wissen, dass es das Höchste ist, das genügt. Du kannst Folklore studiert haben, meinetwegen sogar promoviert haben, aber Meister in Laborde zu sein, das ist unübertroffen.«

Sein Mobiltelefon klingelt, Moreyra geht dran. Als er es wieder wegsteckt, sagt er:

»Sie haben die Namen.«

Die Finalisten sind der Vizemeister von 2010 (Gonzalo »el Pony« Molina), der Teilnehmer aus Tucumán, der aus Buenos Aires, und Rodolfo González Alcántara, der wie der Vizemeister die Provinz La Pampa vertritt.

* * *

Rodrigo Heredia ist dreiundzwanzig Jahre alt, hat einen Bart, das Haar straff im Nacken geknotet, und er wohnt mit mehreren anderen Delegationen in einem ehemaligen Altersheim. Er war nicht in der Peña – ein Ort, an dem nach dem Festival bis elf Uhr morgens getanzt wird –, er hat keinen Alkohol getrunken, er ist nicht spät ins Bett gegangen. Während seiner Tage in Laborde hat er denselben mönchischen Rhythmus beibehalten wie den Rest des Jahres.

»Man muss auf sich aufpassen. Von jeder kleinsten Sache bekommen sie Wind, und dann stehst du schlecht da.«

Die Teilnehmer in der Hauptkategorie des Malambo – und die Meister der Vorjahre – halten sich an einen Verhaltenskodex, der dem alten Motto entspricht, dass nicht nur das Sein, sondern auch der Schein zählt. Und so kann jedem Teilnehmer – und jedem Meister –, über den Gerüchte hinsichtlich Alkohol, Spiel oder selbst nachlässiger Kleidung oder Körperhygiene kursieren, unwiderruflicher Schaden zugefügt werden.

Inzwischen ist es Sonntagnachmittag, Rodrigo steht in Jeans und gelbem T-Shirt im dunklen Flur des Altersheims und sagt, der Vorteil, dort zu wohnen, sei die Ruhe und dass einige Zimmer ein eigenes Bad hätten. In seinem ist keines, dafür aber eine Matratze, ein Schrank, eine bereits gepackte Tasche mit seinen Sachen und das Gaucho-Kostüm, das er dieses Jahr nicht mehr anziehen wird. Mittags, als sein Trainer Víctor Cortez erfuhr, dass Rodrigo nicht ins Finale kommen würde, hat er ihn hier aufgesucht und ihm gesagt: »Mein Sohn, ich danke Ihnen für alles, was Sie für mich getan haben. Die schlechte Nachricht ist, dass wir nicht im Finale sind.« Worauf Rodrigo geantwortet hat: »Gut, *Profe,* ich hoffe nur, dass ich Ihren Erwartungen entsprochen habe.«

»Jetzt muss ich anfangen, Geld fürs nächste Jahr zusammenzukratzen«, sagt Rodrigo.

Sie sind einundzwanzig, zweiundzwanzig, dreiundzwanzig Jahre alt. Sie streben danach, auf der Bühne, aber auch sonst, die Eigenschaften zu haben, die gemeinhin den Gauchos zugeschrieben werden: Genügsamkeit, Mut, Stolz, Ehrlichkeit, Offenheit. Rau und stark zu sein, um mit den Schlägen des Schicksals umzugehen. Derer es immer viele gab und geben wird.

*   *   *

Marcos Pratto lebt in Unquillo, wo er eine Produktionsfirma hat, aber er ist in Laborde geboren und aufgewachsen und außerdem der einzige Meister aus dem Ort selbst.

»Ich habe mich mit Víctor Cortez vorbereitet. 2002 kam ich ins Finale. Und im Jahr darauf habe ich gewonnen. Ich war der einzige Teilnehmer, den es je aus Laborde gegeben hat. Einen anderen gab es nicht. Aber als ich mit zwölf Jahren zu tanzen anfing, haben meine Freunde sich über mich lustig gemacht, für sie war das etwas Altmodisches. Heute laufen die Jungs mit der umgehängten Gitarre durch die Stadt und fangen an den Straßenecken zu tanzen an, früher war das nicht so.«

Er ist zweiunddreißig, mittelgroß, hat einen abweisenden Blick und sitzt im Pressesaal. Neben seiner Arbeit in der Produktionsfirma bereitet er Teilnehmer vor, sagt jedoch, er selbst würde in keiner anderen Kategorie antreten, weil er sich dick fühlt und möchte, dass die Leute ihn in Erinnerung behalten, wie er in dem Jahr war, in dem er gewann.

»Aber dass man nicht trinken und nicht rauchen kann, auf sich aufpassen und seinen Körper in Form halten soll, darf man nicht als Opfer sehen, glaube ich. Das ist eben so, wenn man etwas erreichen will. Deshalb ist es ein Mangel an Respekt, die Teilnehmer der Hauptkategorie um vier Uhr morgens tanzen zu lassen. Das ganze Jahr über sollen sie trainieren, früh ins Bett gehen, gesund essen, und am Tag des wichtigsten Wettkampfs ihres Lebens müssen sie sich die Nacht um die Ohren schlagen. Die Garderoben sind die Hölle, du wärmst dich für deinen Auftritt auf, währenddessen kommen zweihundert Leute vorbei, es gibt eine Toilette für dreihundert Menschen, und die Kommission will uns ehemalige Meister jedes Jahr hier sehen, aber zuschießen tut sie nichts. Wir müssen Reise und Unterkunft selbst bezahlen. Doch wenn ich dann hier bin und die Hymne höre, bekomme ich eine Gänsehaut. Es bewegt mich, die Jungs zu sehen, ihre Träume. Es sind unsere sieben, acht Tage des Ruhms. Und dann Ciao, zurück in die Anonymität.«

»Könntest du ein paar Jahre mal nicht kommen?«

»Ausgeschlossen. Ich würde sterben.«

*   *   *

Sonntagnacht, eine Stunde vor seinem Auftritt im Finale, ziehen Rodolfo González Alcántara und sein Trainer Fer-

nando Castro sich in einem Zwischengeschoss über dem
Pressesaal um, weil es nicht genügend Garderoben gibt. Rodolfo holt sein Kostüm aus einer braunen Tasche, zieht die
Fohlenlederstiefel an, umwickelt sie erst mit Lederriemen
und dann mit Klebeband, benässt sein Haar mit Wasser.
Seine Zehen sind weiß verhornt, die Nägel dick wie Holz.
Als er halb angezogen ist – ohne Weste, Jacke und Hut –,
geht er nach unten und tanzt vor dem Spiegel, der eine Wand
des Raums bedeckt, ein paar Figuren seines Malambo. Sein
Blick ist fern, als hüte er sich vor dem Feuer, das ihn ver-
brennt. Als er fertig ist, sagt er:

»Gehen wir?«

»Gehen wir.«

Gerade hat ein Männer-Quartett getanzt, vor den Garderoben finden euphorische Umarmungen statt, Zeichen, dass es
ziemlich gut gelaufen ist. Jemand weist Rodolfo eine Garderobe zu, und Rodolfo öffnet die Tür. Drinnen schläft Hernán
Villagra, wacht auf und grüßt.

»Hallo.«

»Hallo.«

Dann steht er auf und geht. Fernando Castro stellt die
Gitarre zur Seite und überprüft den Sitz von Rodolfos Chiripá.

»Auf der einen Seite ist er zu lang und auf der anderen zu
kurz. Zieh ihn aus.«

Rodolfo zieht ihn aus, und so gelassen und geduldig, als
würde er seinen Sohn oder einen Torero kleiden, faltet Fernando Castro das Beinkleid neu, rückt die Bauchbinde und
die Krawatte zurecht. Schließlich fragt er:

»Alles gut?«

Rodolfo nickt stumm.

»Dann komm und genieße es, wir sind im Finale«, sagt
Fernando, und da er etwas früher auf die Bühne gehen muss,
wie alle Begleitmusiker, verlässt er die Garderobe und lässt
uns allein.

Rodolfo fängt an, die Beine zu bewegen wie ein eingesperrter wütender Tiger. Er öffnet seinen Rucksack, holt ein
Buch mit blauem Einband hervor, legt es auf den Zementtisch, fängt an, darin zu lesen, ohne eine Sekunde stillzuhal-
ten. Das Buch ist die Bibel, und den Kopf über die Seiten ge-
beugt, murmelt er vor sich hin und wirkt zugleich gehorsam,
unbesiegbar und unglaublich zerbrechlich. Sein Hals ist in
einem Winkel geneigt, der stumm zu sagen scheint: »Ich bin
in Deiner Hand«, und seine Finger sind zum Gebet gefaltet.
Und da, während ich auf den Rücken dieses Mannes blicke,
von dem ich nichts weiß, dieses Mannes, der die Worte seines Gottes liest, kurz bevor er hinausgeht, um sein Leben
aufs Spiel zu setzen, spüre ich in einer jähen, unbehaglichen
Gewissheit, dass ich noch nie eine so schrecklich innige Si-
tuation mit einem anderen Menschen geteilt habe. Etwas in
ihm schreit verzweifelt: »Schau mich nicht an!«, aber ich bin
hier, um zu schauen. Und ich schaue.

Nach ein paar Minuten schließt Rodolfo das Buch, küsst es,
steckt es zurück in seinen Rucksack, dann nimmt er sein Mobiltelefon, und das Lied »Sé vos« (Sei du) der argentinischen
Rockgruppe Almafuerte ertönt: *Vamos, che, por qué dejar /*
que tus sueños se desperdicien. / Si no sos vos, triste será. /
Si no sos vos, será muy triste (Nun komm, warum sollen /
deine Träume verfliegen. / Bist du nicht du, wird es traurig
sein. / Bist du nicht du, wird es sehr traurig sein). – Es ist
halb drei Uhr morgens, als endlich Rodolfo tanzt.

*   *   *

Nassgeschwitzt kommt er von der Bühne und verschwin-
det in der Garderobe. Er zieht seine Jacke aus, setzt sich
hin, lässt die Arme zwischen den Beinen herabhängen. Fernando Castro und eine kleine Frau mit langem, schimmernd
dunklem Haar und leicht schräg gestellten Augen kommen
herein. Miriam Carrizo ist Tänzerin und seit neun Jahren

Rodolfos Freundin. Sie umarmen sich, sprechen von Dingen, die ich noch nicht verstehe, über Rhythmen und Figuren. Dann wartet Rodolfo. Und Fernando Castro wartet. Und Miriam Carrizo wartet. Und ich warte.

Um halb sieben Uhr morgens, es ist inzwischen heller Tag, tanzt Hernán Villagra seinen letzten Malambo, verabschiedet sich, weint, und der Moderator verkündet feierlich das Ergebnis: Gonzalo »el Pony« Molina, aus der Provinz La Pampa, ist Meister geworden. Und Vizemeister, aus derselben Provinz, Rodolfo González Alcántara.

Es werden zwei Monate vergehen, bis ich ihn in Buenos Aires wiedersehe.

*   *   *

Ich glaube, zunächst überrascht mich die Kleidung. Während der vier Tage, die ich in Laborde war, habe ich Rodolfo González Alcántara nur als Gaucho gekleidet gesehen. An diesem Vormittag Ende März in einer Bar in Buenos Aires kommt es mir seltsam vor, ihn in Jeans – die Hosenbeine umgekrempelt –, schwarzer Jacke und einem Rucksack über der Schulter ankommen zu sehen.

»Hallo, wie geht's?«

Rodolfo ist achtundzwanzig Jahre alt, hat dunkles, krauses, nicht sehr langes Haar und einen spärlichen Bart. Einen Bart, der kaum sein Kinn bedeckt und in einer feinen Linie bis zur Oberlippe verläuft, wie bei einem Musketier oder Piraten. Er hat ein eckiges Kinn, braune Augen, die immer amüsiert funkeln, und wenn er tanzt, geht von seinem Gesicht eine verrückte, mörderische Anziehungskraft aus. Es ist elf Uhr vormittags, und er kommt gerade aus dem Krankenhaus, wo er einen Neffen besucht hat. Die winzige Bar mit den Resopaltischen liegt in Zentrumsnähe, nur wenige Blöcke vom Gebäude des IUNA, des Instituto Universitario Nacional del Arte entfernt, wo er Folkloristik studiert hat und jetzt Leiter der praktischen Übungen der Fakultät für Tanzauftritte, Zapateo para Espectáculos, ist. Ich frage ihn – obwohl ich die Antwort schon kenne –, ob es die Bibel war, die er an jenem Abend in Laborde gelesen hat, als er auf seinen Auftritt wartete, was er bestätigt. Er öffnet seinen schwarzen Rucksack, holt dasselbe Buch mit dem blauen Einband heraus, und sagt, er trage sie immer bei sich.

»Ich öffne sie und lese irgendeine Stelle, und es ist verrückt, wie manchmal das, was ich lese, genau zu dem passt, was ich gerade lebe.«

Inzwischen teilt er seine Tage zwischen den Seminaren, die er im IUNA und ein paar anderen Schulen gibt, und dem Training mit Fernando Castro auf.

»Hast du dich gefreut, Vizemeister zu werden?«

»Ja. Trotzdem bin ich mit Fernando noch mal alles durchgegangen, und da gab es ein paar Dinge, die nicht gut waren.«

»Was für Dinge?«

»Beim Finale ist meine Weste ein bisschen hochgerutscht, weil sie an der Jacke hängengeblieben ist. Ich habe es gemerkt, als ich zur Bühne gegangen bin, aber ich habe mir gesagt, was soll's. Ich habe auf meinen Malambo vertraut. Ich bin auf die Bühne gegangen und habe gedacht: Das gehört mir. Aber ich habe die Konzentration verloren, ich habe nicht alles gegeben. Freddy Vacca, der Meister von 1996, hat zu mir gesagt: ›Du betrittst die Bühne und lässt alles zurück. Da oben bist du vollkommen leer, und der unten bekommt alles.‹«

Der unten bekommt alles. Ist es das, was mir passiert ist?

* * *

Rodolfo González Alcántara ist der biologische Sohn von María Luisa Alcántara und einem Mann, dessen Namen er

nicht ausspricht, weil sein einziger Vater für ihn Rubén Carabajal ist, der zweite Mann seiner Mutter. Rodolfo hieß eigentlich Luis Rodolfo Antonio González, bis er mit sechzehn
Jahren zum Standesamt von Santa Rosa ging und sagte: »Ich
möchte nicht mehr González heißen.« Da das nicht ging, hat
er den Namen seiner Mutter hinzugefügt, Alcántara, und
jetzt heißt er Luis Rodolfo Antonio González Alcántara. Er
hat zwei kleinere Brüder und vier ältere, mit denen er spo-
radischen Kontakt hält. Seine Mutter und sein biologischer
Vater haben geheiratet, als sie vierzehn und sechzehn Jahre
alt waren. Sein Vater war Sohn radikaler Protestanten, für
die ein Mann seine erste Freundin heiraten musste, und er
gehorchte. Bald kamen die Kinder. Eins, zwei, drei, vier. Als
María Luisa schwanger mit dem fünften war, ließ sie schon
seit einiger Zeit Schläge über sich ergehen, deren Narben
immer noch zu sehen sind. Trotzdem war sie nicht darauf
gefasst, dass ihr Mann eines Tages zu ihr sagen würde: »Was
gedenkst du mit diesem Kind zu tun, das nicht mal meins
ist?« Und schwanger wie sie war, ging sie, mit vier gebo-
renen Kindern und einem ungeborenen. Rodolfo kam am
13. Februar 1983 zur Welt. Wenig später nahm seine Großmutter väterlicherseits seine älteren Geschwister mit – unter dem Vorwand, mit ihnen einen Besuch zu machen – und
kehrte nie wieder zurück. Rubén Carabajal war damals ein
achtzehnjähriger Maurer. Er hatte María Luisa durch ihre
Brüder kennengelernt, und als er erfuhr, dass diese Frau,
die ihm so gefiel, allein geblieben war, fing er an, sie zu besuchen. Es machte ihm nichts aus, eine Beziehung mit einer
Frau anzufangen, die einen Säugling hatte – und vier weitere
Kinder –, doch kurze Zeit später wurde er zum Militärdienst
einberufen. Bevor Rodolfo zu reden begann, litt er wiederholt unter Lungenentzündungen, deretwegen er mehrmals
mit Fieber und Krämpfen ins Krankenhaus kam. Um ihm
zu helfen, fand Rubén Carabajal die perfekte Entschuldi-
gung: Er beantragte eine Sondererlaubnis, um ihm regel-

mäßig Blut zu spenden. An den Tagen der Blutspende blieb er immer noch ein wenig länger im Krankenhaus bei María Luisa und dem Baby, das von so starken Anfällen geschüttelt wurde, dass die Schwestern es mit »Notfall-Wasser« bespritzten (eine letzte Salbung, damit sterbende Säuglinge nicht im Limbus enden). Doch das Kind überlebte, Rubén Carabajal schloss seinen Militärdienst ab, kam zurück, wurde wieder Mauerer, und zu dritt zogen sie in ein drei mal drei Meter großes Zimmer mit löchrigem Wellblechdach. Das Bad befand sich draußen, neben dem Brunnen, aus dem sie Wasser schöpften. Sie bekamen noch zwei weitere Kinder: Diego und eine Tochter, die sie Chiri nennen. Als María Luisa siebenundzwanzig Jahre alt war, wurde bei ihr Arthritis diagnostiziert, eine degenerative Gelenkentzündung, und sie musste zu arbeiten aufhören. Über lange Zeiträume hatten sie kaum zu essen, nicht viel mehr als Fladen aus Wasser und Mehl.

*   *   *

Mit acht Jahren war Rodolfo González sehr klein, sehr dick, und er wollte tanzen. Warum? Das weiß man nicht. Keiner in seiner Familie hatte je getanzt, aber er fing an, nach der Schule zu Malambo-Stunden bei einem Mann namens Daniel Echaide zu gehen. Er war ein ausgezeichneter Schüler, obwohl seine Eltern ihm keine Bücher kaufen oder für sonst irgendwelche Ausgaben aufkommen konnten. Sie hatten kein Geld, um die Materialien zu besorgen, die etwa fürs Handwerken benötigt wurden, stattdessen nahm Rodolfo Holzscheite aus dem Feuer, hobelte sie ab, bis sie glatt waren, und schnitzte während des Unterrichts seinen Namen oder Fußballwappen ins Holz. Zwei Jahre lang ging er zu den Malambo-Stunden bei Daniel Echaide, dann trat er einer Gruppe namens El Salitral bei und mit elf Jahren Mamüll Mapú, einem Folkloreballett, mit dem er vier Jahre lang an verschiedenen Festivals in Olavarría, Santa Fe und Córdoba teilnahm und überall gewann. Mit zwölf Jahren war er zum ersten Mal in Laborde, trat in seiner Alterskategorie an, und es geschah, was ihm bis dahin noch nicht passiert war: Er wurde Zweiter und stellte fest, dass das für ihn dasselbe war, wie gar nicht anzutreten. 1996 trainierte er weiter nachmittags mit Mamüll und vormittags mit Sergio Pérez, der in jenem Jahr für die Provinz La Pampa Meister geworden war und ihm anbot, ihn kostenlos vorzubereiten. 1997 trat er in derselben Alterskategorie noch einmal an und gewann. 2000 wurde er Jugendmeister und 2003 Vizemeister in der Kategorie Juvenil Especial.

Unterdessen waren seine Eltern dank eines Hilfsplans der Regierung namens Esfuerzo Propio, Eigene Antrengung, bei dem der Staat Grundstück und Baumaterialien zur Verfügung stellte und die Begünstigten selbst das Haus bauen mussten, in eine neue Unterkunft gezogen. Als Rodolfo die Oberschule beendet hatte – wie in der Grundschule als einer der Besten –, sagte er sich, dass er als Gefängniswärter ein solides Gehalt bekommen würde. Er hatte sein Leben lang gearbeitet, hatte Rubén beim Bau geholfen, Maiskolben geklaut und verkauft, aber er brauchte eine feste Stelle. Er holte sich die Unterlagen und fing an, für die Aufnahmeprüfung zu lernen. Eines Tages sagte sein Lehrer zu ihm: »Bist du dir wirklich sicher? Du bist anders, ich sehe dich eher als Lehrer, und was du als junger Mensch nicht tust, wirst du als Niederlage und Frustration an deine Kinder weitergeben.« Rodolfo erschrak, und noch bevor er das Ergebnis der Eignungsprüfung bekam – in der er letztlich wegen eines irrtümlich diagnostizierten neurologischen Problems für nicht geeignet erklärt wurde –, erkannte er, dass er diese Arbeit nicht wollte, und so gab er 2001 stattdessen in Guatraché, einem nahegelegenen Dorf, in einer Schule Musikstunden. Nach kurzer Zeit kündigte man ihm an, ein

Inspektor vom IUNA werde kommen und ihn beurteilen. Er fand den Gedanken entsetzlich, dass jemand entscheiden konnte, ob es gut oder schlecht war, was er machte, und so entschloss er sich, nach Buenos Aires zu ziehen und zu studieren.

Nach diesem ersten Treffen in der Bar habe ich ihn bis zum IUNA begleitet. Als wir uns verabschiedeten, war mir klar, dass Rodolfos Geschichte die eines Mannes war, in dem die gefährlichste aller Regungen aufgestiegen war: die Hoffnung.

* * *

Ein gewöhnlicher Mann mit gewöhnlichen Eltern, der unter Umständen gewöhnlicher Armut, oder zumindest war sie nicht schlimmer als die vieler armer Familien, um ein besseres Leben kämpft. Interessiert es uns, Geschichten über Menschen wie Rodolfo zu lesen? Menschen, die daran glauben, dass die Familie etwas Gutes ist, dass Gott existiert? Interessiert uns die Armut, wenn sie sich nicht in extremer Not ausdrückt, wenn sie keine Gewalt hervorbringt, wenn sie keine Brutalität birgt, mit der versehen wir sie gern sehen oder lesen?

* * *

Mit fünf Jahren fragte er, warum er mit Nachnamen González hieß und seine Geschwister Carabajal. Rubén und María Luisa erklärten ihm, dass sein Vater mit vier weiteren Geschwistern weit weg wohne. Rodolfo hat zu diesem Mann seitdem immer nur eine distanzierte Beziehung gehabt. Vor kurzem ist er nach General Pico gefahren, eine Stadt in La Pampa, um seine älteren Geschwister zu besuchen. Sein Vater hat ihn zum Essen eingeladen. Als sie fertig waren und den Tisch abräumten, verspürte Rodolfo den Impuls, ihn zu umarmen. Er war schon kurz davor, da sagte er sich: »Nein.« Seitdem hat er keinen solchen Impuls mehr verspürt, er lässt es nicht zu. Es gefällt ihm nicht.

*   *   *

Wir treffen uns wieder in derselben Bar. Es ist ein kalter, bewölkter Tag, aber Rodolfo, der von seinem Neffen im Krankenhaus kommt, trägt dieselbe schwarze Jacke und darunter nur ein Hemd.

»Meine Mutter hat sich wegen mir von meinem Vater getrennt, so ist es. Meine Mutter, die ist für mich Gold wert. Sie ging mir immer über alles. Aber jetzt, als Erwachsener, verstehe ich auch meinen Vater. Er war erst sechzehn und wie wild hinter den Frauen her, ein Gitarrenspieler. Meine Mutter hat ihn geliebt und alles für ihn getan, aber ehe der Typ sich's versah, hatte er vier Kinder und ein fünftes unterwegs. Da hat er sich wohl gesagt: ›Ich bin doch nicht verrückt.‹ Meine Mutter hat Narben von Schlägen am Kopf, solche Sachen sind unverzeihlich, aber inzwischen denke ich, dass es nicht an mir ist, irgendjemandem zu verzeihen.«

»Bist du wütend auf ihn?«

»Nein.«

Rodolfo trägt ihm nichts nach. Er ist nicht wütend auf ihn. Er macht ihm keine Vorwürfe. Der Neffe im Krankenhaus ist der Sohn seines ältesten Bruders, und er sorgt sich um ihn, als wäre es sein eigener Sohn. Sein Großvater mütterlicherseits ist am Wundbrand gestorben, nachdem er auf einen Dorn getreten war, aber woran Rodolfo sich erinnert, ist, wie Rubén Carabajal ihn auf den Schultern zu dem Haus trug, wo der alte Mann im Sterben lag, damit er ihm ein Taschentuch schenkte. Er wuchs in einem Zimmer auf, durch dessen Decke es hineinregnete, aber er erinnert sich, wie lustig es war, unter dem Tisch Zuflucht zu suchen und mit seinen Freunden in den Pfützen zu planschen. Sie hatten kein elektrisches Licht, aber lachend sagt er, dass er gern mit den Kerzen spielte. Es gab kein Geld für neue Schuhe, doch stolz erzählt er, dass Rubén Carabajal ihm die alten nähte oder ihm seine lieh, die neuer waren, und er sie beim Fußballspielen aufrieb.

»Ich hatte eine schöne Kindheit. Nur Hunger litten wir oft. Eigentlich hatte ich ständig Hunger, egal, wo.«

Das Jahr, in dem er beschloss, nach Buenos Aires zu ziehen und am IUNA Folklore zu studieren, war in Argentinien das schwierigste der letzten Jahrzehnte. Im Dezember 2001 brach eine wirtschaftliche und soziale Krise aus, bei der es zu Toten auf den Straßen kam, Menschen gegen die Türen der Banken hämmerten, die ihnen ihr Geld schuldig blieben, und die Arbeitslosenrate bei bis zu einundzwanzig Prozent lag. Rodolfo kam im Februar 2002 mit neunzehn Jahren in eine Stadt, in der weder seine Eltern noch seine Verwandten oder seine Freunde je gewesen waren, wo es keine Arbeit gab und die einem Pulverfass glich.

»Als ich in Santa Rosa meine Tasche genommen habe, um zum Zug zu gehen, hat mein Vater mich angeschaut und gesagt: ›Mein Sohn, bist du sicher, dass du gehen willst? Wir können hier für dich aufkommen, bis du Arbeit findest.‹ Da verlor ich fast den Mut. Aber ich habe ihm gesagt: ›Nein, Papa, ich muss gehen. Ich will studieren.‹« Ich bin ins Wohnheim für Studenten aus La Pampa gezogen, und von dort bin ich jeden Tag ins IUNA gegangen. Das sind ungefähr sechzig Blocks, das Wohnheim liegt in Constitución, und nachts zurückzugehen war riskant, aber ich hatte kein Geld für den Bus. Ich habe keine Arbeit gefunden. Manchmal hat meine Mutter mir ein paar Kreditscheine vom Trueque geschickt.«

Der Club del Trueque war ein System bargeldlosen Tausches, auf das in jenen Jahren immer mehr zurückgegriffen wurde. Die Teilnehmer konnten eine Ware gegen eine andere tauschen oder mit Krediten bezahlen, einer vom Club selbst herausgegebenen Währung, die im ganzen Land gültig war.

»Aber in La Pampa war ein Kredit einen Peso wert, während man hier für einen Peso vier Kredite brauchte. Es reichte gerade für ein halbes Kilo Zucker. Wenn sie mir Geld schickte, sparte ich es für Brot, und manchmal habe ich Hackfleisch gekauft. Es ist nicht leicht, wenn man nur Milchreis zum Essen hat oder Polenta mit Milch oder Mehl mit Milch und der neben dir ein Schnitzel isst.«

Zum ersten Mal abends weg ging er mit einem Freund, der ihm sagte: »Ich werde dir Buenos Aires zeigen.« Er nahm ihn mit zur Plaza Miserere. Plaza Miserere ist das Epizentrum von Once, einem bunt gemischten Viertel, in dem man nachts allen möglichen skurrilen Gestalten begegnet. Rodolfos erste nächtliche Erfahrung in Buenos Aires endete damit, von einem Polizisten gegen die Wand gedrückt zu werden.

»Ich war noch nie nach meinen Papieren gefragt worden, ich hatte noch nie einen Polizisten aus der Nähe gesehen, doch kaum haben sie uns erblickt, haben sie uns angehalten und unsere Ausweise verlangt. Meine Augen waren rot, weil ich eine Allergie gegen Rauch, Staub und Sonne habe, aber sie dachten, ich hätte Marihuana geraucht. Sie haben uns an die Wand gestellt und abgetastet. Sie haben meine Augentropfen gefunden, und das war für sie die Bestätigung: ›Ah, du bist ein Junkie.‹ Aber als ich ihnen meinen Ausweis zeigte, ließen sie uns gehen. Ich erinnere mich noch, da waren ein paar Transvestiten, die zu einem Bullen sagten: ›Hey, Kumpel, gib uns ’ne Kippe‹, und der Bulle darauf: ›Steck sie dir doch sonst wohin.‹ Ich habe überhaupt nichts kapiert, ich habe mir nur gedacht: ›O Gott, wo bin ich denn hier gelandet.‹«

Irgendwann fand er Arbeit in einer Fabrik für Brillenetuis und auf einer Baustelle, wo die Arbeiter Anweisung hatten, sich zu verstecken, wenn die Arbeitsinspektoren kamen, damit nicht aufflog, dass die Firma sich nicht um die vorgeschriebene Arbeitskleidung und die Schutzvorrichtungen kümmerte. Eines Tages sagte ihm ein Freund, er wolle ihn mit einem großen Tänzer bekanntmachen, und nahm ihn mit zu dem Folkloreballett La Rebelión. Er stellte Rodolfo einem kahlköpfigen tätowierten Typen mit Springerstiefeln und einer zerrissenen weiten Hose vor, dem Leiter der Truppe, und Rodolfo sagte sich:»Das soll der große Tänzer sein?« Das war Carlos Medina tatsächlich, und sie wurden gute Freunde. Rodolfo schloss sich dem Ballett an, und seine Tanzpartnerin wurde eine junge Frau, klein wie er, fünf Jahre älter, mit Namen Miriam Carrizo. Sie mochten sich auf Anhieb, doch acht Monate lang erteilte sie ihm eine Abfuhr nach der anderen. Trotzdem blieb er hartnäckig, und so kamen sie schließlich zusammen. Sie verließ das Mädchenwohnheim, in dem sie ein Zimmer hatte, und er das Studentenwohnheim, und sie zogen zusammen in ein Häuschen in Pablo Podestá, einem Vorort von Buenos Aires.

»Neulich saß ich zu Hause, habe auf die Wohnzimmeranrichte gesehen und gedacht: ›Ich weiß noch, wie wir die gekauft haben, und wie wir die Stereoanlage gekauft haben.‹ Jedes einzelne Stück hat uns große Opfer gekostet. Wenn wir etwas kauften, wussten wir nicht, ob es danach noch zum Essen reichen würde. Einmal, mitten im Sommer, habe ich gesagt: ›Negra, ich glaube, wir müssen uns einen kleinen Ventilator kaufen.‹ Am Ende haben wir einen super Turbo-Ventilator gekauft. Wir kommen nach Hause, und sie fragt mich: ›Rodo, hast du noch Geld übrig, um was zu essen zu kaufen?‹ Und ich: ›Nein, du?‹ ›Nein.‹ Wir haben uns ausgeschüttet vor Lachen. Manchmal hatten wir nicht mal Geld für die U-Bahn. Ich besaß damals so ein Paar Schuhe mit einer abgewetzten glatten Sohle. Ich ließ Miriam ihre Fahrkarte zahlen, habe Anlauf genommen und bin unter der Absperrung durchgerutscht. Einmal hatten wir jeder fünfzig Centavos, gerade genug für den Bus nach Hause. Doch um zum Bus zu kommen, mussten wir die U-Bahn nehmen. Hätten wir U-Bahn-Karten gekauft, hätten wir nicht mehr genug für den Bus gehabt. Da es die letzte U-Bahn des Abends war, haben wir sie genommen, ohne zu zahlen. Kurz vor unserer Haltestelle kommt der Schaffner: ›Fahrkarten, Leute.‹ Wir haben ihm gegeben, was wir hatten, und mussten um ein Uhr morgens dreißig Blöcke bis nach Hause zu Fuß gehen. Aber das ist nicht so schlimm. Schlimm ist, wenn man nichts zum Essen hat. Mit deiner Frau nach Hause zu kommen und festzustellen, dass nichts da ist, und sie vor Hunger weinen zu sehen. Das tut weh.«

Nach seinem Abschluss hat Rodolfo als Lehrer im IUNA angefangen. Zusätzlich unterrichtet er noch ein paar Privatschüler und gibt Stunden in einer Grundschule in einem Vorort. Das garantiert ihm eine gewisse – wenn auch nicht große – Stabilität.

* * *

Er liest gern, und als er vor ein paar Jahren zum ersten Mal Geld für Bücher übrig hatte, hat er sich Shakespeares *Gesammelte Werke* gekauft, die *Ilias* (wegen der Achillesferse), die *Odyssee* und *Ödipus der Tyrann* (worin er alles Nötige über den Ödipus-Komplex erfuhr und schlussfolgerte, dass er keinen hatte). Er besitzt zu Hause kein Internet und ist es nicht gewohnt, per E-Mail zu kommunizieren, aber seine Textnachrichten sind immer sorgfältig formuliert. So schrieb er mir im Juni 2011: *Hallo Leila, könntest Du mir Deine E-Mail-Adresse schicken? Ich muss Dich wegen etwas konsultieren.* Und im Juli: *Hallo Leila, wir haben uns letzten Samstag nicht mehr gesehen, ich hoffe, alles ist gut? Ich habe mir ein bisschen Sorgen gemacht.* Außerdem versucht er immer, aus allem, was man ihm sagt, etwas zu lernen. Bei einer Gelegenheit erzählt er mir, dass er in eine weit entfernt liegende Stadt eingeladen worden sei, um Unterricht zu geben. Als ich ihn frage, ob er den Bus oder ein Flugzeug genommen habe, antwortet er, den Bus. Ich sage, dass er als Vizemeister vielleicht gewisse Bedingungen stellen könnte. Ein paar Monate später erzählt er mir am Telefon, er habe einen Entschluss hinsichtlich einer Arbeit getroffen, die man ihm angeboten habe, weil »du mir doch gesagt hast, ich könne jetzt gewisse Bedingungen stellen«. Er hat ein gutes Gedächtnis und erinnert sich gern an besondere Momente zurück. Er hat das Gedicht aufbewahrt, das ihm der Kulturreferent von Guatraché geschrieben hat, nachdem er ihn zum ersten Mal tanzen gesehen hat, und es bewegt ihn nach wie vor. Es macht ihn traurig, dass die Erwachsenen in den großen Städten so viel arbeiten und ihre Kinder erst sehen, wenn sie schon schlafen. Er betet abends und geht in die Kirche, beendet seine Sätze oft mit einem aufrichtigen »Gott sei Dank« (»Meinen Eltern geht es gut, Gott sei Dank«, »Ich habe viel Arbeit, Gott sei Dank«), aber er ist entschieden gegen die dogmatische Haltung der Kirche und vermeidet es, an Gottesdiensten von Priestern teilzunehmen, die »immer noch glauben, dass man von Gott bestraft wird, wenn man nicht in die Kirche geht«. Er konnte nicht an der Abschlussfahrt seines Schuljahrgangs teilnehmen, weil er es sich nicht leisten konnte, aber er ist dankbar, dass der Tanz es ihm ermöglichte, Orte wie Bariloche kennenzulernen, wo er mit eigenen Mitteln nie hingekommen wäre. Wenn er eine Geschichte erzählt, tut er es wie alle guten Erzähler: langsam, mit einem Gespür für Spannung und einer gelungenen Imitation der Personen, um die es geht, wie jenes Freundes, der während einer Jagd auf Gürteltiere in La Pampa in einen Graben gefallen ist. Er ist dickköpfig und unbestechlich. Einmal hat er einen Stiefelhersteller angerufen, bei dem er immer seine Stiefel kaufte, und gesagt, er brauche ein Paar für ein bestimmtes Datum. Man erklärte ihm, er könne sie erst am 15. Dezember haben. Da er sie vorher brauchte, fragte er, ob sie ihm nicht den Gefallen tun könnten. Sie verneinten. Also kaufte er die Stiefel woanders. Zwei Wochen später rief man ihn vom ersten Fabrikanten an, um ihm zu sagen, dass ein anderer Malambo-Tänzer seine Stiefel nicht abgeholt habe und er sie haben könne. Rodolfo überlegte einen Moment, die Stiefel, die er gerade gekauft hatte, wieder zu verkaufen. Doch dann sagte er sich, dass die anderen nicht in der Lage gewesen waren, ihm einen Gefallen zu tun, als er sie darum bat, und er ihnen deshalb jetzt auch nicht die Stiefel abkaufen sollte. Also antwortete er: »Nein, danke«, und gewöhnte sich an die neuen Stiefel (was nicht so leicht war, denn sie waren vorne eckig, und er hatte immer in Stiefeln mit runder Spitze getanzt). Wenn er mit jemandem spricht, der jünger ist als er oder dem er sehr zugetan ist, nennt er ihn »Pa«, »Papi« oder »Papito«, und er siezt jeden, der mehr als zehn Jahre älter ist als er, außer, er kennt ihn gut. 2009 hat er ein paar Tage in Santa Rosa verbracht. Ein Bauer fragte ihn, ob er ihm auf dem Feld helfen wolle, und da er keinen Peso in der Tasche hatte, willigte er ein. Die Arbeit bestand darin, das Getreide, das seitlich aus der Erntemaschine fiel, zusammenzurechen und durch eine Öffnung wieder hineinzuwerfen, damit nichts verloren ging. Zwei Tage, an denen er zehn Stunden lang unter der sengenden Sonne neben einem wettergegerbten Alten dahinging – Onkel Ramón –, der sich kein einziges Mal beklagte und den nachzuahmen er sich aus Stolz verpflichtet fühlte. Obwohl es die schlimmste Arbeit seines Lebens war, wie er versichert, erzählt er es wie eine lustige Anekdote. Er glaubt, dass die Politiker, von links wie von rechts, sich nicht wirklich für die Armen interessieren und »uns höchstens manchmal geben, was wir brauchen, uns aber nicht zeigen, wie wir bekommen können, was wir

brauchen, so dass sie uns die ganze Zeit an den Eiern ge-
packt halten«. Er hat fast alles von Che Guevara gelesen und
sagt, er engagiere sich zwar für keine Partei, aber ihn be-
rühre »dieser asthmatische Arzt, der den Mut hatte, zu tun,
was er tat«.

*　*　*

2011 sieht ein durchschnittlicher Tag im Leben von Rodolfo
so aus: Er steht um sechs Uhr morgens auf, frühstückt und
fährt anderthalb Stunden bis nach San Fernando, wo sein
Trainer Fernando Castro lebt, und trainiert zwei Stunden.
Dienstags und donnerstags begibt er sich von dort in eine
Grundschule in Laferrere und unterrichtet Kinder der ersten bis dritten Klasse in Musik, und von Laferrere fährt er
nach González Catán, wo er von sechs bis neun Uhr abends
ein Folkloreballett trainiert. Für den Heimweg braucht
er noch einmal zweieinhalb Stunden in drei verschiedenen Transportmitteln. Mittwochs und freitags unterrichtet er bis vier Uhr nachmittags im IUNA und trainiert um
neun Uhr abends ein Ballett in Benavídez, in der Provinz
von Buenos Aires. Sonntags und montags unterrichtet er
Folklore-Tanzgruppen in Merlo und Dorrego. San Fernando,
Laferrere, González Catán, Merlo, Dorrego, Benavídez: All
diese Orte liegen weit voneinander und von seinem Wohnort entfernt im Metropolgebiet von Buenos Aires verstreut,
einem Ballungsraum, in dem mehr als zweiundzwanzig
Millionen Menschen leben und der für seine schwelende
Gewalt berüchtigt ist.

　»Von Fernandos Haus nehme ich den 21 bis Liniers und
von dort den 218 bis Laferrere, um zur Schule zu fahren.
Wenn ich dort fertig bin, nehme ich den 218 bis González
Catán, dort ist das Ballett. Um nach Hause zu kommen,
nehme ich den 218 bis Liniers und dort den 237. Habe ich
Kleingeld, gehe ich zum Kreisverkehr von San Justo, nehme

den Costera-Bus, steige in Márquez Ecke Perón aus, und von dort nehme ich den 169 nach Hause. Neulich wurde ich in Benavídez sehr spät fertig, gegen zehn, um diese Zeit wird es gefährlich, das Viertel zu verlassen, deshalb habe ich bei den Schülern übernachtet, die ich unterrichte. Manchmal sagen andere Lehrer zu mir: Warum unterrichtest du denn dort, wenn die mal aus der Schule sind, werden sie doch sowieso nur Junkies. Und ich antworte ihnen, dass ein Jugendlicher, der bei mir Stunden nimmt, Musiker wird. Warum denn nicht?«

*   *   *

Es ist Juni, mitten im Winter, zehn Uhr morgens. In seinem Haus in Pablo Podestá gießt Rodolfo mehrere Kalebassen mit Matetee auf. Er hat ein Tablett mit Toast, Karamellcreme und Butter auf den Esstisch im Wohnzimmer gestellt. Das Haus, das Miriams Eltern gehört – ein pensionierter Angestellter der Erdölfirma YPF und eine Schneiderin, die in Caleta Olivia wohnen, einer kleinen Stadt in Patagonien –, hat einen Garten mit Obstbäumen, zwei Zimmer und ein Bad, alles frisch gestrichen.

»Das Streichen haben Negra und ich selbst übernommen. Sonst kostet dich das ein Vermögen.«

In der Küche hängt ein Jesusbild mit der Aufschrift: *Jesus, ich vertraue auf Dich*. Im Wohnzimmermöbel steht ein Foto von den beiden mit dem aufgedruckten Satz: *Auf ein ewiges Leben zusammen*.

»Vorher hat man im Hintergrund eine Zementfabrik gesehen. Aber ich bin zu einem Fotogeschäft gegangen, die haben die Fabrik wegretuschiert und einen blauen Hintergrund gemalt. Jetzt sieht es schön aus.«

»Ist das Viertel ruhig?«

»Ja, manchmal passiert auch was, aber es ist ruhig, Gott sei Dank.«

In dem Jahr, in dem sie hierhergezogen sind, sahen sie eines Abends, wie ein Motorrad mit Vollgas um die Kurve bog und der Fahrer ihren Nachbarn von gegenüber, der auf dem Gehsteig stand, mit drei Schüssen erschoss. Miriam und Rodolfo konnten gerade noch das Licht ausschalten und stumm warten, bis das Motorrad wieder verschwunden war.

»Seine Frau hat geschrien: ›Sie haben meinen Mann umgebracht, sie haben meinen Mann umgebracht!‹ Aber Negra und ich sind hier ganz allein, wir haben niemanden. Also haben wir uns nicht gerührt.«

Rodolfo klappt seinen Computer auf und sucht ein paar Videos, die er für mich vorbereitet hat, um mir zu zeigen, wie man in Malambo-Choreographien zwischen Fehlern und Perfektion unterscheidet.

»Der Malambo hat langsame, mittelschnelle und schnelle Phasen. Er beginnt langsam und beschleunigt dann immer mehr. Je schneller er wird, desto weniger Möglichkeiten hast du, Figuren vorzuführen, dafür kannst du mehr Qualität zeigen. Vom langsamen bis zum mittelschnellen Teil musst du deine Haltung verändern, und im letzten Teil kannst du nur noch die Augen schließen, dir sagen: ›Möge Gott mich beschützen‹, und deine Beine bewegen. Schau hier, siehst du die Schultern dieses Tänzers, wie er sie hochzieht? Das muss man verhindern. Die Schultern dürfen nicht hochgezogen werden. Jetzt fangen die Leute an zu schreien und zu klatschen, und ihm sieht man es im Gesicht an: Er beginnt zu lächeln. Die Idee ist aber nicht, dass die Leute dich mitziehen, *du* sollst die Leute mitziehen. Und siehst du, wie er atmet, dieses Keuchen? Das muss man vermeiden. Wenn du den letzten Schritt des Malambo hindonnerst, versinkst du im Boden, um dich richtig hinzustellen, mit erhobener Brust, immer durch die Nase atmend. Wenn du durch den Mund atmest, ist es vorbei, dann verlierst du die Kontrolle, du kriegst keine Luft mehr, und man merkt dir an, dass du müde bist, wie diesem jungen Kerl da. Die Nase gibt dir Gelassenheit, damit dir niemand etwas ansieht. Keiner darf dir anmerken, was mit dir los ist.«

Keiner darf dir anmerken, was mit dir los ist.

*   *   *

Als ich ihn einmal zum IUNA begleite, erzählt er mir einen Traum, den er nie vergessen wird, wie er sagt. Darin ist er von einer Düne zum Meer gelaufen, und als er am Ufer ankam, begann das Meer anzusteigen. Er wollte zurück auf die Düne, doch er konnte nicht. Er hat jemanden um Hilfe gebeten, der ganz oben stand, doch dieser jemand hat nur gesagt: »Nein, du schaffst das auch so.« Er hat es immer wieder versucht, bis er endlich festen Boden unter die Füße bekam, einen Felsen, und nach oben klettern konnte. Von dort aus sah er eine riesige Stadt. Er sprang über einen Drahtzahn und kam zu der Stadt. Er glaubt, dass die Person oben auf der Düne Gott war.

»Es ist unglaublich. Ich habe danach die Bibel aufgeschlagen, und da stand, dass Gott der sichere Felsen ist, auf den wir uns alle stützen.«

Rodolfo geht schnell und schweigt, als sei er angespannt oder denke an Dinge, die er erledigen muss. Plötzlich sagt er:

»Was mir am schwersten fällt, ist, auf die Bühne zu gehen und zu denken: Das gehört mir.«

»Warum?«

»Weil es so unermesslich ist. Und ich habe Angst vor dem Unermesslichen. Das Endlose versetzt mich in Panik. Letztes Jahr konnte ich zum ersten Mal aufs Meer schauen. Mich ans Ufer stellen, auf die Unermesslichkeit des Meeres schauen, ohne Angst davor zu haben.«

*   *   *

Ihn amüsieren Dinge, die anderen einfältig vorkommen könnten; so erzählt er, dass Gonzalo Molina, el Pony, mit dem er sich angefreundet hat, auf Facebook geschrieben hat: *Ich habe eine gute Nachricht für euch, ich werde Papa!* Am nächsten Tag, nachdem ihm etliche Leute gratuliert hatten, schrieb el Pony: *Meine Hündin ist trächtig.* Rodolfo findet diesen Scherz unsagbar lustig. Dagegen muss ich ihm etwas schwer von Begriff vorkommen. Ein ums andere Mal stelle ich ihm dieselbe Frage: Warum all diese Anstrengungen, um bei einem Festival zu gewinnen, das eine sehr begrenzte Popularität verschafft und außerdem das Ende seiner Karriere bedeutet? Was ich ihm damit sagen will, ohne es auszusprechen, ist, dass der Ruhm, von ein paar Tausend Menschen gefeiert zu werden, es vielleicht nicht wert ist, dafür alles aufzugeben. Geduldig erklärt er mir ein ums andere Mal das Gleiche:

»Meister in Laborde zu sein, hat vielleicht nur für einen ganz kleinen Kreis von Leuten eine Bedeutung, aber für uns ist es das Höchste. Das Jahr, in dem du Meister bist, bitten sie dich um Fotos, Interviews, Autogramme. Und das musst du ausnutzen, denn danach wirst du deine Beine nicht mehr benutzen. Wenn es mit deinen Beinen vorbei ist, musst du auf andere Werkzeuge zurückgreifen. Laborde gibt dir die Möglichkeit, ein durch und durch integrer Mensch zu sein. Jemand, der nicht gewonnen hat, um Reichtümer anzuhäufen oder die Welt zu erobern, sondern um zu zeigen, dass man mit stiller, bescheidener Arbeit alles erreichen kann. Deshalb hätte ich gern, dass Gott mir die Gnade gewährt, reif zu sein, ein Mann zu sein, um in Bestform nach Laborde zu kommen und danach alles aufzugeben. Laborde hat mich in den Bann genommen, seit ich das erste Mal den Fuß auf die Bühne dort gesetzt habe. Und wenn Gott will, dass dem, was das absolut Höchste ist, deine Karriere geopfert wird, dann soll es so sein. Er gibt dir das Größte und nimmt sich alles. Aber es ist nicht, dass ich Meister werden will, um meine finanzielle Zukunft abzusichern oder auf einem Plakat abgebildet zu werden. Ich möchte Meister werden, weil ich Meister werden will, seit ich zwölf Jahre alt bin, und meine Karriere dort zum Abschluss zu bringen, wäre wundervoll.«

Ich sage immer nur »Aha«. Doch im Grunde frage ich mich weiterhin, wie es möglich ist, dass etwas so gänzlich Unbekanntes jemanden dazu bringen kann, mir ein ums andere Mal glücklich zu versichern: Es ist einfach klasse, sich freiwillig zu opfern.

*　　*　　*

»Rakata, rakata, rakata.«

Ein Nachmittag im Juni, Rodolfo gibt eine Stunde im IUNA. Der Saal ist groß, hat Parkettboden, Spiegel, ein Klavier steht darin. Die Schüler wirken wie die jüngste Version des Films *Fame*, Jungen und Mädchen mit verschiedenen Modellen von Haarbändern, Leggings, Ballettschuhen, Trikots, bunten Stulpen. Rodolfo trägt Jeans – unten umgekrempelt –, ein schwarzes Hemd und Turnschuhe.

»Achtet auf euren Gesichtsausdruck«, sagt er. »Wenn ihr *so* macht, ist Lachen fehl am Platz.«

Als er »so« sagt, stampft er auf, als würde er ein ganzes Gebäude zertreten, und obwohl einige seiner Schüler versuchen, es ihm nachzumachen, ist bei ihnen das, was bei Rodolfo wie eine Naturgewalt wirkt, noch eine sichtlich sehr gewollte Kraftanstrengung.

»Los, los. Ihr habt es euch ausgesucht. Auf die Beine. Rakata, rakata, rakata.«

*　　*　　*

Rodolfo ist diskret. Er spricht nie schlecht über seine Kollegen oder seine Mitstreiter, und wenn er einmal jemanden namentlich erwähnt, dann nur, um etwas Gutes über ihn zu sagen: Der oder der ist weise, keiner bewegt die Füße wie der Lehrer Soundso. Deshalb überrascht es mich, als er eines Tages in der Bar einen Meister von Laborde erwähnt, mit dem er in einer Jury saß. Bei der Gelegenheit habe er ihn um Rat gefragt, was er an seinem Auftritt von 2011 noch verbessern könnte.

»Er hat mir gesagt: ›Gib einfach alles. Aber du hast den Vizemeister über dir, el Pony aus der Pampa, der Favorit ist. Da wird das ganz schön schwierig. Man kann noch so vorbereitet sein, aber wenn du hinter der Bühne stehst und deinen Namen hörst und weißt, dass du jetzt dran bist, wimmeln dir zig Fragen im Arsch.‹ Darauf habe ich nur gesagt: ›Ach schön, danke.‹ In der Woche darauf habe ich Blut für einen Jungen aus einer der Schulen gespendet, in der ich arbeite, der im Kinderkrankenhaus Garrahan lag. Da kommst du rein und siehst alle diese kranken Kinder, und da wimmeln dir vielleicht auf einmal Fragen im Arsch. Für mich ist es ein Riesentraum, Meister in Laborde zu werden. Aber wenn ich nicht gewinne, gewinne ich eben nicht. Ich will nicht einer sein, der die Beine durch die Gegend schleudert, aber nicht einen zusammenhängenden Satz sagen kann. Wenn ich Laborde nicht gewinne, gehe ich weiter in meine kleinen Schulen, ins IUNA. Aber ich weiß, wo mir die Fragen im Arsch wimmeln. Und das ist nicht in Laborde.«

Er nimmt fast nie Wörter wie »Arsch« in den Mund, und wenn er es tut, wirkt er zutiefst angewidert, und er sieht nach unten, um einen Blick zu verbergen, in dem sich vermutlich so einiges spiegelt, das er niemandem zeigen will.

*   *   *

»Rodo ist, wie du ihn siehst. Er ist extrem transparent.«

Miriam Carrizo, Rodolfos Frau, ist diplomierte Lehrerin für Folkloretänze. Sie ist fünf Jahre älter als er, wirkt aber viel jünger mit ihrer glatten dunklen Haut und der sanften Mädchenstimme. Rodolfo liebt und fürchtet sie, denn sie vermag ihm zu sagen, was sonst niemand wagt: dass er schlecht getanzt hat, dass er nicht konzentriert war, dass ihm die richtige Haltung fehlte.

»Rodolfo wird nicht einmal wütend, wenn der Himmel über ihm zusammenbricht. Er ist ein ruhiger, friedfertiger, sehr diplomatischer Mensch. Und ärgert er sich mal, sagt er es dir auf eine sehr respektvolle Art. Laborde ist für ihn immens wichtig. Wir haben schon viel zusammen durchgemacht. Wir konnten Millionen Sachen nicht machen, mussten auf so viele Dinge verzichten, um ein Paar Stiefel zu kaufen. Um sieben Uhr morgens geht er aus dem Haus und kommt um Mitternacht wieder, und ich bete jedes Mal, dass ihm nichts passiert. Statt eines Sonntagsspaziergangs begleite ich ihn auf den Sportplatz zum Laufen.«

»Ist das alles schwer für dich?«

»Überhaupt nicht. Es ist sein Traum, und ich weiß, wenn er gewinnt, wird es der glücklichste Moment seines Lebens sein. Unseres Lebens.«

*   *   *

Das ganze Jahr 2011 hat Rodolfo jeden Tag mehrere Stunden trainiert, seinen Malambo manchmal bis zu zwölf Mal getanzt, ist anderthalb Stunden gelaufen, Seil gesprungen und ins Fitnessstudio gegangen. Er hat auf seine Ernährung geachtet. Abgenommen. Und in der ersten Februarwoche 2012 ist er nach Laborde gefahren, um zu versuchen, Meister zu werden.

Das Festival geht vom 10. bis zum 15. (bzw. bis zum 16. morgens). Als Vizemeister ist Rodolfo in der ersten Nacht als Erster dran (das ist der Bonus, den ein Vizemeister hat), hieß es in der E-Mail, die Cecilia Lorenc Valcarce, die Pressechefin des Festivals, mir am 27. Dezember 2011 schickte. Rodolfo würde also vom Dienstag, dem 10. Februar, bis zum Sonntagmittag, 15. Februar, in Laborde bleiben müssen, in der Ungewissheit, ob er ins Finale kommen würde oder nicht. Und ich natürlich mit ihm.

*   *   *

»Hallo Rodolfo, hier ist Leila.«

»Hallo Leila, wie geht es dir?«

»Gut, und dir?«

»Gut, Gott sei Dank. Ich bin im Bus. Ich fahre nach Río Cuarto, von dort nehme ich einen anderen bis Laborde.«

»Kommt deine Familie auch?«

»Ja, sie kommen alle. Mein Vater, meine Mutter, mein Bruder Diego, die Chiri, ihre Kinder, die Schwester meiner Schwägerin ...«

»Sind sie schon dort?«

»Nein, sie kommen nächste Woche.«

»Und wo werden sie übernachten?«

»Sie haben einen Autobus für fünfundvierzig Personen gemietet. Weil sie den Campingplatz nicht bezahlen konnten, der war zu teuer, deshalb haben sie einen Kredit aufgenommen und den Bus geliehen. In dem werden sie auch schlafen.«

Rodolfos Stimme auf der anderen Seite der Leitung klingt, als fahre er in einem offenen Cabriolet, strahlend und triumphierend.

*   *   *

Der Sommer 2012 war in Argentinien extrem trocken, trotzdem waren im Süden der Provinz Córdoba einige grüne Felder zu sehen. Doch auch dort hing der Staub in der Luft und tauchte alles in ein irreales, gespenstisches Licht. Am Montag, dem 9. Januar, einen Tag vor dem Beginn des Festivals, fiel in Laborde um ein Uhr mittags bei einer Temperatur von 45 Grad Celsius der Strom aus. Als ich Rodolfo anrief, noch aus Buenos Aires, um ihn zu fragen, wie es ihm gehe, antwortete er, »Ziemlich frisch hier …«, und lachte los. Er wohnte in einem Haus, das er mit ein paar Freunden gemietet hatte, die gekommen waren, um ihn anzufeuern.

»Fühlst du dich ruhig?«

»Ja. Ganz ruhig, Gott sei Dank.«

Rodolfo tanzte am Dienstag, dem 10. Februar. An diesem Tag fuhr ich im Auto nach Laborde. Um fünf Uhr nachmittags, kurz vor einem Dorf namens Firmat, brach ein gewaltiger Sturm aus. Erst wehte der Wind einen Vorhang aus Staub auf, der alle Sicht raubte, dann öffnete der Himmel seine Schleusen. Ich parkte unter einem Schuppen am Straßenrand. Dort stand ich, als die Pressechefin des Festivals, Cecilia Lorenc Valcarce, mir schrieb: *Wo bist du? Die Kommission berät sich gerade, ob alles verschoben wird. Zu viel Wind. Es ist alles weggeflogen.* Eine Stunde später, als ich wieder unterwegs war, erreichte mich eine weitere Nachricht von Cecilia, die lautete: *Der ganze Malambo auf morgen verschoben.*

Ich dachte an Rodolfo. An diesen unverhofften Aufschub. Ich fragte mich, ob der – in einem Universum, in dem jedes winzige Detail eine verheerende Wirkung auf das Gemüt des Wettstreiters zu haben scheint – ihm schaden könnte. Ich schickte ihm eine Nachricht, doch er antwortete nicht. Um acht Uhr abends kam ich in Monte Maíz an, einem zwanzig Kilometer von Laborde entfernten Dorf, da in Laborde selbst wie immer alles ausgebucht war.

*   *   *

Es ist Mittwochmorgen, und die Gedanken vom Vortag während der Fahrt tun noch ihre Wirkung: Ich frage mich, ob es Rodolfo nicht ablenken könnte, eine Journalistin auf den

Fersen zu haben. Ob ich in der kontrollierten Atmosphäre, in die sich jeder Teilnehmer vor dem Wettbewerb begibt, nicht so etwas wie eine riesige giftige Bakterie wäre. Ein Druck. Denn weiß Rodolfo, dass seine Geschichte genauso viel wert ist, auch wenn er nicht Meister wird? Aber *ist* seine Geschichte *genauso* viel wert, wenn er nicht Meister wird? Um zehn rufe ich ihn an und frage ihn, ob ich bei ihm vorbeikommen und mit der Arbeit beginnen kann.

»Klar, Negra, komm nur.«

* * *

Um die Mittagszeit gleitet Laborde trotz des gestrigen Sturms, oder vielleicht gerade wegen ihm, in einem klaren himmelblauen Licht dahin. Das Haus, in dem Rodolfo wohnt, liegt in der Calle Estrada, Ecke Avellaneda. Er teilt es mit einem seiner Schüler (Álvaro Melián), Carlos Medina und ein paar Freunden aus dem Ballett La Rebelión (Luis, Jonathan, Noelia, Priscilla, Diana), die zu seiner Unterstützung gekommen sind. In zwei Tagen sollen Javier, Graciela und Chiara eintreffen (Miriams Bruder, Schwägerin und Nichte) sowie Tonchi, ein Kindheitsfreund. Miriam, die zur Eröffnung des Festivals auftritt, kann wegen einer Klausel der von ihrem Ballett abgeschlossenen Versicherung nicht hier wohnen. Rodolfos Eltern, seine Geschwister Diego und Chiri, deren Kinder, die Schwester seiner Schwägerin, deren Mann und Kinder nächtigen in dem Bus, den sie gemietet haben und der vor dem Campingplatz steht. Das Haus ist groß. Es hat eine Küche, zwei Schlafzimmer, ein Wohnzimmer, ein Bad und einen Hinterhof. Überall sind Spuren der Menschen zu sehen, die sonst in diesem Haus wohnen: Zierrat, Geschirr, Kleider in den Schränken. Rodolfo und Fernando Castro fegen den Staub weg, den der Wind auf den Tisch im Hof geweht hat.

»Setz dich, Negra, lass uns einen Mate trinken. Wir sind gerade erst zurückgekommen.«

Rodolfo war im Gottesdienst, auf seinem T-Shirt steht: *Keine Gewalt mehr / Das ist eine Botschaft Gottes.* In diesem Jahr wird ihn Fernando Castro mit der Gitarre beim Malambo begleiten und el Pony mit der Trommel; er wird also in Begleitung zweier Meister die Bühne betreten. Er wird das blaue Kostüm des Vorjahrs für den Malambo des Nordens tragen, hat aber die gesamte Ausstattung des südlichen Malambos erneuert. Seine Schwester hat ihm den Hut geschenkt, seine Schüler aus dem IUNA haben die Weste bestickt, das Halstuch kommt von el Pony (es ist das, mit dem er Meister wurde), die Jacke vom Vater eines Freundes, die Stiefel und der Poncho (dunkel, mit roten und ockerfarbenen Streifen) sind geliehen, den Gürtel hat Carlos Medina (der nicht nur Tänzer, sondern auch Kunsthandwerker ist) selbst angefertigt und ihm geschenkt, die Cribo-Hose eine Frau aus Santa Rosa.

»Aber das weiße Hemd ist meins«, sagt Rodolfo lachend, während er mit einer dicken Nadel und unter Zuhilfenahme einer Zange ein geflochtenes Lederband an den Hut näht, das unter dem Kinn zusammengezogen wird.

»Das andere ist durchgewetzt vom Schweiß. Hier wollten sie hundertfünfzig Pesos dafür haben. Zum Glück habe ich diese Nadel mitgebracht.«

Carlos Medina, ein redseliger und stets gut gelaunter Zeitgenosse, der zu jeder Tages- und Nachtzeit eine Schirmmütze trägt, brüht Matetees auf und erzählt, dass er Rodolfo um die Initialen seines Namens bat, während er an dem Gürtel arbeitete.

»Er hat mir so an die fünfundvierzig Buchstaben gegeben. Luis Rodolfo Antonio soundso und soundso. Da habe ich zu ihm gesagt: ›Du Esel, gib mir drei Buchstaben, sonst wird das ein Minirock und kein Gürtel.‹«

Eine Gruppe Halbwüchsiger malt auf einem anderen Tisch unter einem Baum eine Banderole, auf der steht:

Du wirst zeigen, wer du bist
Sie werden sehen, woraus du gemacht bist
Dass das, was in deiner Brust steckt
Dich heute hierher gebracht hat
Auf geht's, Rodo!

Die Zeilen sind an ein Reggaeton-Lied von Don Omar ange-
lehnt, das Rodolfo immer hört und in dem es heißt: *Ich werde*
zeigen, wer ich bin, sie werden sehen, woraus ich gemacht
bin, dass das, was in meiner Brust steckt, mich hierher ge-
bracht hat. Und sie werden mich siegen und als Meister se-
hen, der keinen Preis gewann und deshalb zum König gekrönt
wurde.

»Hat dich der Sturm unterwegs erwischt?«, fragt Rodolfo.

»Ja, ich musste anhalten.«

»Hier ist alles weggeflogen. Der Wind hat einen Haufen
Zelte auf dem Campingplatz weggerissen, aber meine Eltern hatten es in ihrem Bus ganz gemütlich, Gott sei Dank.«

Ich frage mich, wie gemütlich es zehn Leute in einem Bus
ohne Betten und mit einer behelfsmäßigen Toilette haben
können, aber ich sage:

»Wie gut.«

*　　*　　*

Das Mittagessen für die Delegationen wird im Saal des Club
Atlético y Cultural Recreativo de Laborde serviert. Jeden
Tag zur Mittagszeit wird dort ein Tanz mit dem informellen
Namen La peña del comedor organisiert, bei dem die einen
singen und tanzen, während die anderen essen und sich
lautstark unterhalten. Aber jetzt ist es schon spät, und der
riesige Saal ist leer. Auf den langen Tischen stehen schmut-
zige Teller und Gläser aus Plastik, und ein Mann ist dabei,
alles mit einer unerschütterlichen Methode aufzuräumen: Er
rollt mit dem Papier, das als Tischdecke dient, die Teller, Glä-

ser und Essensreste zu einem mächtigen Wrap. In der Küche arbeiten zwei oder drei Personen. Ich gehe hin und frage:

»Gibt es noch etwas zu essen?«

»Ja, setzen Sie sich nur.«

Ich setze mich an einen der Tische vor einen Nudeleintopf. Ein großer, dunkelhaariger Mann fragt mich, ob er sich dazusetzen kann.

»Natürlich.«

Der Mann legt die karge Beredsamkeit der Menschen vom Land an den Tag und verwickelt mich mit derselben Selbstverständlichkeit in ein Gespräch, mit der er mich in einem leeren Raum mit Hunderten von freien Stühlen und Tischen gefragt hat, ob er sich neben mich setzen kann.

»Ich bin seit siebenunddreißig Jahren Delegierter meiner Provinz, Río Negro. Die Dinge haben sich verändert, zum Guten wie zum Schlechten. Früher hat man einen Jungen aus Corrientes Malambo tanzen gesehen und gewusst, er kommt aus Corrientes, oder einen aus Buenos Aires oder woher auch immer. Jetzt gibt es keine großen Unterschiede mehr, weil die Meister durchs ganze Land reisen, den und den und den trainieren, und am Ende tanzen sie alle gleich. Und alles ist sehr athletisch. Manchmal sieht man sie tanzen und hat das Gefühl, eine Maschine vor sich zu haben. Aber ich schätze die Anstrengung, die dahintersteckt, denn es sind alles Jungs aus sehr einfachen Verhältnissen, die viel Geld ausgeben, um sich vorzubereiten, und nichts garantiert ihnen, dass sie gewinnen werden. Natürlich hat derjenige, der Meister wird, ausgesorgt. Hundert Dollar oder mehr kann er pro Stunde verlangen, und tschüss.«

Als ich ihn nach seinem Namen frage, bevor er aufsteht, um Siesta zu machen, sagt er:

»Arnaldo Pérez. Adios.«

Arnaldo Pérez. 1976 Meister für Río Negro. Sein Lehrer war ein Mann, der nicht Malambo tanzen konnte, ein Historiker, der ihm, nachdem er ihn bei einem Provinzwettbewerb gesehen hatte, anbot, ihn zu unterrichten, und der daraufhin alle zwei Wochen zweihundertfünfzig Kilometer Schotterstraßen auf dem Motorrad zurücklegte, um zu Arnaldo zu fahren. Er wollte nie auch nur einen Peso von Arnaldo haben. Arnaldo Pérez ist dieses Jahr außerdem Jurymitglied. Während unseres Gesprächs, als ich noch nicht wusste, wer er war, fragte ich ihn, ob ihm der Kandidat und Vizemeister Rodolfo González Alcántara gefiel. »Ehrlich gesagt, nicht besonders«, antwortete er.

*   *   *

Es ist Mittwoch, Mitternacht, und als wäre nicht ein ganzes Jahr vergangen, herrscht hinter der Bühne der gleiche karnevalsähnliche Tumult, sieht man die gleichen Frauen in ihren duftigen Kleidern, die gleichen kleinen Kinder mit ihren finsteren Mienen, dieselben Gesichter: Sebastián Sayago – der wieder antritt und an diesem Abend tanzt –, Hugo Moreyra, Ariel Ávalos, Hernán Villagra. Die Meister kehren Jahr für Jahr zurück, nicht nur, weil man es von ihnen erwartet, sondern weil sie gern kommen und weil sie Teilnehmer aus den verschiedenen Kategorien vorbereiten. Jemand hat mit Mehl auf den großen Wandspiegel geschrieben: MALAMBO. Die Stimme des Moderators ertönt:

»Und das, meine Damen und Herren, Argentinien, war das Quartett der Kategorie Malambo Menor! Diese Jungen spiegeln die Hoffnung und die Arbeit ihrer Lehrer, ihrer Eltern wider! Sie sind die Saat, sie sind die künftigen Meister ...!«

Die Kategorie des Malambo Menor ist für Zehn- bis Dreizehnjährige. Die Höchstdauer für den Auftritt in dieser Kategorie ist drei Minuten. Wenn sie fertig getanzt haben, werfen sich die präpubertären Malambo-Tänzer untröstlich weinend in die Arme ihrer Trainer, wozu die Erwachsenen stolz sagen: »Weine nur, weine, das ist es, was du fühlen musst.«

Neben der Bühne weinen sich gerade mehrere Jungen in den Armen der Personen aus, die sie vorbereiten.

Es ist Viertel nach zwölf, seit elf Uhr ist Rodolfo in der Garderobe Nummer 4. Er zieht sein Hemd aus, die Hose, die Turnschuhe, holt aus seiner braunen Tasche eine Wasserflasche und das Kostüm. Er zieht das Hemd an, die Cribo-Hose, die Fohlenlederstiefel, den Chiripá-Poncho, die Bauchbinde. Fernando Castro, schon als Gaucho gekleidet, schaut ihm schweigend zu, mit der gleichen gelassenen Geduld des Vorjahrs, prüft, dass die Falten des Ponchos regelmäßig fallen, dass die Zipfel gleich lang sind. Um halb eins fängt Rodolfo an, sich zu bewegen, das Gewicht von einem Bein aufs andere zu verlagern wie ein eingesperrter wütender Tiger. Dann benässt er sein Haar, öffnet den Rucksack, holt die Bibel hervor, liest, murmelt, steckt sie wieder ein, nimmt sein Mobiltelefon und spielt das Lied von Almafuerte, »Sé vos«. Fernando Castro, die Gitarre auf dem Schoß, raunt ihm zu:

»Wir werden gewinnen, mein Freund. Sei ganz du selbst, hol all deinen Frohmut aus dir heraus.«

Rodolfo nickt stumm.

»Haltung, das ist es. Lass das Blut fließen, gib alles, alles, alles.«

Rodolfo nickt, bewegt sich. Dann steht Fernando wie im Vorjahr auf und geht, und wir bleiben allein zurück. Und ich bin mir unsicher, ob ich wirklich bleiben sollte, aber ich bleibe trotzdem.

*   *   *

Um ein Uhr morgens ertönt die Hymne von Laborde – »Baila el malambo« –, und der Moderator verkündet:

»Meine Damen und Herren, für Laborde, für ganz Argentinien ist die Stunde der allseits erwarteten Kategorie gekommen!«

Als das Feuerwerk zu knallen beginnt, hebt Rodolfo den

Kopf und setzt sich den Hut auf. Er hat das Gesicht eines steinernen Götzen, als wäre er nicht ganz er selbst.

»Meine Damen und Herren der Jury, verehrte Meister, wir kommen jetzt zur Kategorie des Malambo Mayor!«

Rodolfo öffnet die Garderobentür und geht zur Bühne. Breitbeinig und mit geradem Rücken bleibt er zwischen den Vorhängen stehen, als würde er zum Todesstoß ansetzen.

»Zu uns kommt jetzt ein Mann aus La Pampa! Heißen wir mit flammenden Herzen und brennendem Applaus den Malambo-Vizemeister von 2011 willkommen, Rooodooolfo Gonzáaalez Aaaalcántaraaa!«

Das Publikum tobt los. Man hört Schreie – »Bravo!«, »Vorwärts, Rodo!«, »Halte durch!«, »Los, Macho!« –, und ich höre die Stimme von Miriam heraus. Rodolfo, noch zwischen den Kulissen, bekreuzigt sich.

Dann geht er hinaus.

*   *   *

Fernando Castros Gitarre klingt wie ein drohender Sturm, ein Omen. Sie grollt wie eine Lawine, wie rollende Steine, ein langer Donner; als sei der letzte Tag auf Erden angebrochen. Rodolfo kommt von einer Seite auf die Bühne, geht ein paar Schritte und hält inne, um die Größe seiner Aufgabe zu ermessen. Dann schreitet er in die Mitte und macht drei gefasste Schritte auf das Publikum zu, wie ein lauerndes Tier. Er bleibt breitbeinig stehen, die Arme nach unten gerichtet, die Finger angespannt. Die Gitarre schlägt einen runden, rhythmischen Akkord an, und Rodolfo stampft zweimal kurz auf: tack, tack. Und von diesem Moment an verläuft der Malambo irgendwo zwischen Himmel und Erde. Rodolfos Beine ähneln flammenden Adlern, er wirkt entrückt in eine Sphäre, die nicht von dieser Welt ist, gutaussehend und gnadenlos, hochmütig wie ein Baum, transparent wie Jasminduft, gewaltig erhebt er sich über die filigranen Figuren der Finger, stürzt herab, bäumt sich auf, faucht listig wie eine Wildkatze, schreitet mit der Eleganz eines Hirschs, er ist eine Lawine, und er ist das Meer und der Schaum, der es krönt, und am Ende stößt er einen Fuß auf die Holzbretter und bleibt wie angewurzelt stehen, gelassen und rein, furchterregend wie ein Blutsturm, und mit einer herablassenden Geste zieht er seine Jacke zurecht – als wolle er sagen, das war doch gar nichts –, neigt den Kopf zu einer knappen Verbeugung, berührt seinen Hut mit einer Fingerspitze, macht eine halbe Drehung und geht ab.

»Zeit: Vier Minuten, fünfundvierzig Sekunden«, sagt die belegte Frauenstimme ungerührt.

Ich laufe hinter die Bühne. Dort herrscht eine Stimmung wie am Ende einer Schlacht. Rodolfo und Fernando umarmen sich stumm, wie zwei Männer, die sich gegenseitig ihre Trauer bekunden. Carlos Medina hat Tränen in den Augen, Miriam Carrizo liegt weinend in seinen Armen. Doch da nimmt Rodolfo den Hut ab und atmet tief durch, Miriam läuft zu ihm, umarmt ihn und sagt:

»Rodo, das war sehr schön, wirklich sehr gut!«

Carlos Medina bekommt kaum Luft.

»Noch nie habe ich ihn so tanzen gesehen«, sagt er zu mir.

Wenige Meter weiter steht Sebastián Sayago, der in wenigen Minuten tanzen wird, in der Tür seiner Garderobe und betet.

* * *

Kurz vor zwei Uhr morgens kommt Sebastián Sayago von der Bühne und ruft: »Scheiße, verdammte Scheiße!«

Seine Gefährten umrunden ihn und sagen: »Lass es raus, lass es raus, genau, lass es raus«, doch Sebastián wirkt wütend, sein Gesicht ist schmerzverzerrt. Sie geben ihm Wasser, Rodolfo und Fernando gehen zu ihm und begrüßen ihn, kurz darauf ist er verschwunden.

Rodolfo betritt seine Garderobe, zieht seine Jacke aus, die Weste, den Gürtel. Er behält nur die Cribo-Hose und das Hemd an, beides weit und weiß, und sieht mit einem Mal aus wie ein Häftling oder ein Mönch. Auf der Bühne tanzen die Teilnehmer aus Buenos Aires, San Luis, La Rioja. Vor den Garderoben wärmen sich die Tänzerinnen einer Provinzdelegation auf und sagen im Chor dazu:

»Streeecken, beeeugen, streeecken, aufriiichten.«

Sie strecken und beugen sich, strecken sich und richten sich auf.

Rodolfo trinkt Wasser, zieht das Hemd aus, die Cribo-Hose, und fängt an, sich für den Gegentanz zu kleiden, den nördlichen Stil. Fertig angezogen tritt er nach draußen und geht den ganzen Malambo noch einmal vor dem Wandspiegel durch. Mehrere Umstehende sehen schweigend zu. Dann kehrt er in die Garderobe zurück, und ich bleibe draußen und mache mir Notizen, neben mir ein Jugendlicher in Gaucho-Montur, der auf seinem Mobiltelefon Nachrichten liest. Ein paar Minuten später rennt der rothaarige Mann vorbei, der die Reihenfolge ankündigt, in der die Teilnehmer auftreten, und ruft:

»La Pampa, La Pampa! Wo ist La Pampa?«

Als niemand antwortet, sage ich:

»In der Garderobe Nummer 4.«

Der Rothaarige läuft zur Tür von Rodolfos Garderobe, klopft dagegen und schreit:

»La Pampa ist der Nächste beim Malambo Mayor!«

Eine unverhoffte Änderung – laut Programm wäre Rodolfo erst in einer halben Stunde dran, es muss überraschend für ihn kommen. Doch auf der Bühne tanzt noch eine Provinzdelegation, und ich sage mir, dass alles kein Problem ist, dass noch genügend Zeit bleibt. Da sehe ich Miriam mit ihrem Telefon in der Hand und einer schrecklich verängstigten Miene vorbeikommen, und mir wird klar, dass irgendetwas schiefläuft.

»Was ist los?«

»El Pony, wir können ihn nirgends finden, und er muss die Trommel für Rodo spielen!«

Miriam versucht wieder, el Pony zu erreichen, aber el Pony kann überall sein, vielleicht isst er gerade eine Pizza, oder er gibt ein Interview oder Autogramme. In dieser Menschenmenge und bei der lauten Musik sein Telefon zu hören, ist ein Ding der Unmöglichkeit. Rodolfo fragt:

»Was ist los?«

»El Pony ist nicht da«, sagt Miriam und wählt noch einmal.

Ich denke mir: Wie schade. Aber ich weiß nicht, ob ich dabei an mich denke oder an ihn oder an uns beide.

*   *   *

Wie im Film erscheint el Pony, drei Minuten bevor Rodolfo auf die Bühne muss. Miriam ist wütend auf die Organisation, aber Rodolfo setzt seinen Hut auf und geht ohne ein Wort los. Ich sehe ihn an der Bühne ankommen und sich, schon mit dem Rücken zu mir, bekreuzigen. Wenn ihn beim Finale 2011 die verrutschte Weste aus der Ruhe gebracht hat, sage ich mir, wie sehr muss ihm dann erst dieser Schreck in letzter Minute zugesetzt haben. Während ich solche Dinge denke, geht Rodolfo auf die Bühne und tanzt. Als er fertig ist, sagt die belegte Frauenstimme ungerührt:

»Zeit: vier Minuten, zweiunddreißig Sekunden.«

Rodolfo kommt heftig atmend von der Bühne und geht in seine Garderobe. Miriam folgt ihm. Schweigend und mit gerunzelter Stirn sieht sie ihn an, als versuche sie, ein Geheimnis zu enträtseln. Als Rodolfos Atem sich beruhigt hat, sagt sie, er habe nicht getanzt, wie sie es erwartet habe, die ersten zwei Figuren hätten ihr nicht gefallen, sie hätten nicht gut ausgesehen. Rodolfo antwortet, ja, das wisse er schon, er sei nicht zufrieden, die Musik habe ihn nicht begleitet, er sei von der Bühne gegangen in dem Wissen, dass er nicht alles gegeben habe, dass die Eile ihn nervös gemacht und er nicht mehr die Zeit gehabt habe, sich ordentlich zu konzentrieren. Er zieht die Jacke aus, die Stiefel, verlässt die Garderobe. Draußen wird er von mehreren umarmt, man wünscht ihm Glück. Ein junger Kerl sagt, er habe etwas für ihn. Er steckt die Hand in die Tasche, holt etwas heraus und gibt es ihm.

»Nimm, das ist von meiner Großmutter.«

Es ist ein Rosenkranz. Rodolfo bedankt sich, küsst den Rosenkranz und hängt ihn sich um den Hals.

*   *   *

Am nächsten Tag ist die erste Neuigkeit, dass Sebastián Sayago sich bei seinem Auftritt verletzt hat und Injektionen bekommt, für den Fall, dass er sich fürs Finale qualifiziert. Die zweite Neuigkeit, die mir – als Gerücht – zu Ohren kommt, ist, dass der Jury Rodolfos Auftritt sehr gefallen hat. Die dritte Neuigkeit ist keine: Ich treffe mich mit Rodolfo, und er sagt mir, er habe sich die Aufnahme seines nördlichen Malambos angeschaut und finde sich besser, als er gedacht habe, das habe ihn beruhigt.

»Gehen wir zum Campingplatz, meine Eltern besuchen?«

»Gern.«

*   *   *

Auf dem Bus steht ARIEL TOURS, er parkt vor dem Campingplatz auf einer Grünfläche voller Zelte neben der Überlandstraße 11. Rodolfos Eltern, Geschwister und weitere Verwandte schlafen in diesem orangefarbenen, etwas klapprigen Bus, verbringen den Tag aber auf dem Campingplatz, dessen Grillplätze, Schwimmbad, Duschen und Toiletten sie gegen einen kleinen Tageseintritt benutzen können. Rubén Carabajal ist ein kräftiger, wortkarger dunkelhaariger Mann mit spärlichem Bart. María Luisa Alcántara ist klein – kleiner als Rodolfo –, sehr dünn, hat glattes Haar, ein fein geschnittenes, eckiges Gesicht und kleine traurige Augen, die wirken, als wäre sie permanent kurz vorm Einschlafen. Von der Arthritis hat sie Knoten und Überknochen an Knien und Händen.

»Rodo ist so gut und verantwortungsvoll. Ein ausgezeichneter Sohn, Gott sei Dank«, sagt sie, während sie auf einer der Betonbänke des Campingplatzes an einem Tisch sitzt, auf dem Matetee und Kekse stehen. »Als kleines Kind war er sehr krank, hatte Lungenentzündungen. Er wohnte praktisch im Krankenhaus. Ich blieb bei ihm, ich musste seine Wäsche waschen, ich hängte die Sachen im Zimmer oder im Bad auf, und die Krankenschwester fragte mich: ›Sagen Sie, Frau González, haben Sie keine Angehörigen?‹ ›Doch‹, sagte ich dann, ›aber sie kommen mich nicht besuchen.‹ Ein einziges Mal kamen sie, das war, als man Rodolfo nur noch eine Stunde zu leben gab. Rubén war der Einzige, der nach mir schaute, er beantragte mehrmals eine Sondererlaubnis, um Blut zu spenden, und dann blieb er noch. Wir haben viel zusammen durchgemacht. Deshalb wäre ich fast gestorben, als Rodo sagte, dass er nach Buenos Aires gehen will. Er ist hin, als alles am schlimmsten stand. Aber er hat mir gesagt: ›Ich muss da hin, Mama, hier werde ich es zu nichts bringen.‹ Ich hatte einen Neffen, der vor sieben Jahren erschossen wurde. Der sagte: ›Der einzige von meinen Cousins, der richtig Eier hat, ist Vetter Rodolfo, der ist mit neunzehn Jahren nach Buenos Aires gegangen, ohne eine Menschenseele zu kennen.‹«

»Und dieser Neffe wurde umgebracht?«

»Ja, einen Häuserblock von mir zu Hause. Mein Viertel hat einen sehr schlechten Ruf. Mataderos heißt es. Im GPS steht da ›gefährliche Zone‹.«

»Als er gegangen ist, konnten wir ihm nicht einen Peso mitgeben«, sagt Rubén Carabajal. »Die Lage war brenzlig. Jetzt arbeite ich für die Gemeinde, in der Instandhaltung, und wir verdienen etwas. Aber damals kriegte ich gerade mal 150 Pesos. Nichts.«

»Haben Sie nie gedacht, dass Rodolfo etwas Sichereres als Tanz studieren sollte?«

»Nein, das war doch immer sein Traum«, sagt María Luisa. »Einen nationalen Meister zum Sohn zu haben, das ist schon was. Er sagt zu mir: ›Mami, ich mache etwas, das mir gefällt.‹ Und ich sage ihm: ›Schön, Junge, du musst glücklich sein.‹ Wir unterstützen uns immer gegenseitig in allem. Wenn er nach Santa Rosa kommt, geht er bei vierzig Grad im Schatten zehn Kilometer laufen. In seinem Haus in Buenos Aires hat er keinen Holzboden, dort muss er auf dem Zement tanzen, mit den Fohlenlederstiefeln. Wissen Sie, wie das ist? Mein armer Sohn, so hart, wie er arbeitet. Manchmal rufe ich ihn um halb ein Uhr nachts an, und er ist noch nicht zu Hause, wartet auf die Metro.«

Die Unterhaltung schweift zu Familienlegenden ab: zu dem Tag, an dem María Luisa zu Rodolfo sagte, der immer so brav war und in der Schule gehauen wurde: »Wenn du das nächste Mal nicht alle verprügelst, verprügle ich dich, wenn du nach Hause kommst.« Zu dem Schwein, das Rubén einmal klaute, weil sie nichts zu essen hatten, worauf er ins Gefängnis kam. Zu den Gürteltier-Jagden, auf die sich die Männer der Familie häufig begeben.

»Letztes Mal sind sie losgezogen und mit fünfundzwanzig Gürteltieren zurückgekommen«, erzählt María Luisa. »Es gab eine Zeit, da hätte man unser Haus für einen Zoo halten können. Wir hatten Nutrias, Kiebitze, Gänse, einen Strauß. Einen kleinen Fuchs. Irgendwann ist der Strauß abgehauen, und die Nachbarn haben ihn gegessen.«

»Wie haben Sie erfahren, dass es die Nachbarn waren?«

»Die Nachbarin selbst ist zu mir gekommen und hat mir gesagt, dass sie einen Strauß gefunden und ihn gegessen haben.«

Letztes Jahr wurde sie in Buenos Aires an der Wirbelsäule

operiert, ihr wurde eine Prothese eingesetzt. Jetzt haben sie riesige Schulden beim Krankenhaus, weil die Versicherung zwar für alles andere, nicht aber für den Krankenhausaufenthalt aufkam.

»Und wir müssen das Geld für den Bus zurückgeben. Einen Teil hat uns ein Nachbar geliehen, den anderen der Mann von der Chiri. Stimmt's, Chiri?«

Chiri arbeitet als Hausangestellte, ihr Mann bei der Müllabfuhr, was in Argentinien relativ gut bezahlt ist. Einen quengelnden Säugling im Arm wiegend, sagt die Chiri:

»Zuerst kommt der Nachbar dran. Dann sehen wir schon.«

María Luisa macht ein Gesicht, wie um zu sagen: Na bitte.

»Ich glaube, mit Gottes Hilfe werden wir alles schaffen.«

»Bleiben Sie zum Asado?«, fragt Rubén. »Wir haben schon was für Sie auf den Grill gelegt.«

*　*　*

»*Laborde hat dich dazu gebracht, viele Dinge neu zu überdenken, auch auf persönlicher Ebene, es hat zu einer produktiven Zäsur geführt.*«

»*Ja, Laborde löst viele Dinge in dir aus. Wenn man auf der Bühne steht, muss man viele Gefühle zurücklassen. Für mich war es eine große Lehre, und es war eine Zäsur, ja, mit einem Vorher und einem Nachher.*«

»*Schön, wir wünschen dir viel Glück, Rodolfo, und hoffen, dich am Sonntagnachmittag auf der Bühne zu sehen.*«

»*Danke, und viele Grüße an alle meine Lieben.*«

»*Wir haben mit Rodolfo González Alcántara gesprochen, einem der nachdenklichsten und ernstesten Vizemeister, denen wir begegnet sind. Er hat von einer Zäsur gesprochen, und es ist ihm gelungen, aus den verschiedenen Situationen Nutzen zu ziehen, was ihn viel gelehrt hat.*«

Im Auto höre ich in einem Lokalsender das Interview mit Rodolfo. Er tut das manchmal – oft: Er gibt Allgemeinplätze von sich, und man würde ihn am liebsten fragen, wo der andere Rodolfo ist. Wo hast du das Monster gelassen, das dich auf der Bühne verschlingt – wo ist es?

*   *   *

Donnerstagnacht steht ein riesiger Mond am Himmel.
Der Teilnehmer von Tucumán geht von der Bühne wie geblendet und betritt stürmisch die falsche Garderobe.
Das ist alles.

*   *   *

Freitagvormittag kommt Héctor Aricó an der Stelle des Festivalgeländes vorbei, wo die Teilnehmer des Malambo Mayor gerade fotografiert werden, und sagt scherzend:
»Was seid ihr alle hässlich.«
Ein Haufen Jugendlicher nimmt sie mit Mobiltelefonen ins Visier. Ich merke, dass Rodolfo der Kleinste von allen ist.

*   *   *

Am Freitagabend um sechs Uhr hockt Álvaro Melián, Rodolfos Schüler, auf einer Fensterbank im Haus und betrachtet schweigend das Geschehen. Fernando Castro sitzt auf einem Sofa voller Kleider, die Gitarre zwischen den Beinen. Rodolfo steht in der Mitte des leeren Wohnraums, bekleidet mit der Cribo-Hose, dem Chiripá-Poncho und einem blauen Hemd. Gestern hat er Zahnschmerzen bekommen, und außerdem hat er einen geschwollenen Knöchel. Im Krankenhaus von Laborde hat man ihm vorgeschlagen, ihm ein entzündungshemmendes Medikament und ein schmerzstillendes Mittel zu spritzen, aber das wollte er nicht, weil er Angst hat, es könnte sich auf seine Darbietung auswirken. Seine Mutter hat ihm ein Schmerzmittel und einen Entzündungshemmer angeboten. Als Rodolfo zu ihr ging, um beides zu holen, fand er Rubén schlafend im Gang des Busses vor und seine Mutter mit seitlich weggesacktem Kopf auf einem Sitz, inmitten einer erstickenden Hitze. Später sagte er mir, der Anblick habe ihn zutiefst aufgewühlt.

»Das gibt es einfach nicht«, sagt er jetzt, wegen einer Figur, die ihm nicht gelingt. »Ich zähle von hier, dabei ist es von dort.«

Fernando Castro sieht ihn stumm an und zupft an seiner Gitarre. Rodolfo wiederholt die Figur ein ums andere Mal. Zwischendurch bleibt er stehen, dann redet Fernando zu ihm, als wolle er ihn in eine hypnotische Trance versetzen.

»Denk daran, was es dich gekostet hat, bis hierher zu kommen. Versuch dir vorzustellen, dass du im Finale bist. Denk daran, wie du dafür gekämpft hast. Denk an die Emotion, das Adrenalin. Denk an den Moment, an dem sie deinen Namen sagen und du die Bühne betrittst. Am Anfang gibst du gerade das Nötigste. Und am Ende gibst du alles, mit ganzem Herzen und voller Reife. Stell dir vor, alles geht ganz langsam, nur du bewegst dich rasend schnell. Und jetzt los, noch mal von vorn.«

Rodolfo verlässt den Raum und kommt wieder herein, mit funkensprühendem Blick. Seine nackte Fußsohle schlägt auf den Boden wie ein Peitschenhieb.

»Fühl dich wie ein Meister, zum Teufel!«, ruft Fernando.

Rodolfo tanzt den ganzen Malambo, aber er ist nicht zufrieden. Am Ende sagt er:

»Es ist die erste Probe, seit ich getanzt habe, und plötzlich hatte ich Schmerzen, die ich bis jetzt nicht kannte. Morgen will ich noch mal richtig trainieren, das heute war Mist.«

*   *   *

Samstagmorgen kommt sein Kindheitsfreund Tonchi an. Und obwohl am Sonntag bekannt gegeben wird, wer ins

Finale kommt, und am Samstag alle nervös sind, trainiert Rodolfo, und alles klappt wunderbar. Danach isst er Nudeln zu Mittag, erhält Anrufe von Leuten, die ihm Mut zusprechen, ruht sich aus, geht schlafen.

* * *

Am Sonntagvormittag fahre ich zu Rodolfo, aber er ist nicht da. Um elf Uhr zwanzig nimmt er meinen Anruf an und flüstert, er sei im Gottesdienst.

In der Kirche sieht man mehrere junge Frauen in historischen ländlichen Trachten und ein paar Männer, die als Gauchos gekleidet sind. Rodolfo trägt ein weißes Hemd und eine Trainingshose und sitzt auf einer Bank neben Miriam und Tonchi, einem untersetzten jungen Mann mit dunklem Haar. Rodolfo tritt mit gesenktem Kopf in die Reihe der Gläubigen, die zum Altar aufrücken, um die Kommunion zu empfangen. Kurz darauf erklärt der Priester die Messe für beendet und bittet um einen kräftigen Applaus für die Teilnehmer des Festivals.

»*Viva la patria!*«, sagt er.

»*Viva!*«, antworten die Anwesenden mit einem Schrei, der die Fensterscheiben erschüttert.

Dann gehen wir nach Hause.

* * *

Tonchi heißt eigentlich Gastón und tanzt Malambo, seit er klein ist.

»Ich habe Jazz und Tango getanzt. Ich habe auch ein Paquito-Kostüm aus der Xuxa-Show. Ich habe den Paquito de Xuxa bei einer Veranstaltung in einer Akademie gespielt.«

Tonchi und Rodolfo sitzen im Hinterhof des Hauses, trinken Mate, und eine Zeitlang scheinen sie fast zu vergessen, warum wir hier sind – in der Erwartung des Anrufs des Delegierten von La Pampa, der die Nachricht überbringen wird, ob Rodolfo ins Finale kommt.

»Als ich den da zum ersten Mal im Mamüll gesehen habe, war er mir nicht besonders sympathisch«, sagt Rodolfo. »Wir haben uns nicht mal begrüßt. Dann haben wir angefangen, zusammen zu tanzen, zwei Cousins von mir und er. Vier Zwerge. Ich war damals noch ziemlich fett, eine richtige kleine Tonne. Aber wir hatten nur Unsinn im Kopf.«

»Bei einem Wettbewerb in Bahía Blanca haben sie uns fast rausgeschmissen«, sagt Tonchi. »Wir haben uns versteckt und die Leute mit Limetten beworfen.«

»Wart ihr noch sehr klein?«

»Nein. Ungefähr dreizehn.«

»Und erinnerst du dich, wie wir getanzt haben?«, fragt ihn Rodolfo. »Ich wirkte wie eingegipst, und der Tonchi, als trete er auf eine Motorradzündung.«

Und als hätten sie es einstudiert, stehen sie auf und tanzen einen fürchterlichen Malambo, schlenkern die Arme wie zwei Clowns, die Gesichter in einem falschen Lächeln gefroren. Danach setzen sie sich wieder hin und lachen sich halb tot.

»Du Esel, du bringst mich noch um«, sagt Tonchi und wischt sich die Tränen ab.

Tonchi ist mit einem angeborenen Nierenleiden auf die Welt gekommen. Er hat bereits zwei Transplantationen bekommen und steht auf der Warteliste für die nächste. Dreimal in der Woche muss er zur Dialyse, von zwölf bis vier Uhr nachmittags, danach geht er ins Fitnessstudio, Laufen und nimmt Malambo-Stunden.

»Die Dialyse dauert von zwölf bis vier, Punkt. Fängst du an zu jammern: ›Ach, ich Armer, ich muss zur Dialyse‹, kannst du es vergessen. Meine Nierenfunktion wird schon wieder schlechter. Zum Glück kann ich jeden Morgen pinkeln. Ein bisschen, aber immerhin. Es gibt Leute, die zwischen einer Dialyse und der nächsten überhaupt nicht pinkeln. Das viele

Schwitzen beim Tanzen hilft mir. Aber ich denke nicht zu sehr über die Krankheit nach. Letztes Jahr hat es mir beim Laufen in Bariloche plötzlich fast die Eingeweide zerrissen. Ein abartiger Schmerz, aber ich hatte keine Ahnung, was mit mir los war. Sie wollten mich schon am Blinddarm operieren, da ruft der Rodo mich an, und ich sage ihm: ›Rodo, ich liege hier, die werden mir den Blinddarm herausnehmen.‹ Da sagt der Rodo: ›Aber nein, Kumpel, du hast doch keinen Blinddarm mehr, den haben sie dir rausgenommen, als du klein warst.‹ Also habe ich dem Doktor gesagt: ›Doktor, man hat mir gerade gesagt, dass ich keinen Blinddarm mehr habe.‹ Ich verstehe nichts von Krankheiten.«

Tonchis rechter Arm sieht aus wie eine Baumwurzel, voller Höcker und Beulen, Begleiterscheinungen der Dialyse. Bevor er gekommen ist, haben die Ärzte ihn einer präventiven Behandlung mit harntreibenden Medikamenten unterzogen, um die Dialyse-Sitzungen auszugleichen, die er verpasst, während er hier ist.

»Letztes Jahr war ich nicht hier, aber dieses Jahr konnte ich Rodo nicht im Stich lassen. Stimmt's, Rodo?«

»Ja, Tonchi, alter Freund.«

Aus den Augenwinkeln behält Rodolfo sein Telefon im Blick. Um zwölf hört man Schritte im seitlichen Außenkorridor. Erwartungsvoll schauen wir hin, bis das Gesicht eines jungen Mannes mit einem Kinnbart auftaucht.

»Schönen Tag.«

»Hey, Freddy«, sagt Rodolfo. »Setz dich, Kumpel.«

Freddy Vacca hat den Titel 1996 für die Provinz Tucumán gewonnen und sagt, er habe nur mal vorbeischauen und alles Gute wünschen wollen.

»Weiß man es schon?«

»Nein, noch nicht.«

Sie unterhalten sich über den Sturm vom Dienstag, über das Altenheim, die Kantine, die mittägliche Tanzveranstaltung, die Hitze, die Stromausfälle, die Trockenheit. Strategisch vermieden wird in dem Gespräch jede Erwähnung des Wettkampfs, offenbar eine stillschweigende Übereinkunft, wie so vieles hier. Nach einer Weile steht Vacca auf und sagt:

»Also, Rodo, ich wünsche dir alles Gute. Und denk dran, ich bin hier, bei dir, ich tanze in dir.«

Rodolfo umarmt ihn, dankt ihm für sein Kommen, und Freddy Vacca geht.

»Einer der ganz Großen, Freddy.«

Um halb eins hat immer noch niemand angerufen. Rodolfo schlägt vor, zum Campingplatz zu gehen, wo seine Eltern ein Asado vorbereiten.

»Notfalls erwischen sie uns eben dort.«

»Rodo, schälst du mir einen Pfirsich, bevor wir gehen?«, fragt ihn Tonchi.

»Klar, Kumpel, sofort.«

Tonchi liebt Pfirsiche, aber er ist allergisch gegen die Schale. Während Rodolfo ihm im Haus den Pfirsich schält, höre ich, wie jemand ihn fragt:

»Na, Rodo, wie fühlst du dich?«

»Nervös.«

*   *   *

Im Auto auf dem Weg zum Campingplatz sagt Rodolfo:

»Ich dachte, es wäre wie im letzten Jahr, da war um zwölf Uhr schon bekannt, wer ins Finale kam.«

Als wir die Landstraße erreichen, klingelt Rodolfos Telefon, und er nimmt das Gespräch mit fester, aber nervös gehetzter Stimme entgegen.

»Hallo.«

Es ist Carlos, Miriams Vater.

»Nein, Carlitos, noch nichts.«

Der Campingplatz wirkt wie die Inszenierung eines glücklichen Moments. Das Schwimmbad ist voller Kinder, von den Grillplätzen steigt Rauch auf. Rodolfo hebt seine Neffen und

Nichten hoch, begrüßt seine Geschwister, seine Eltern. Um ein Uhr schicke ich eine Nachricht an Cecilia Lorenc Valcarce: *Und?* Sie antwortet: *Noch nichts.*

*   *   *

»Jetzt bin ich echt nervös.«

Rodolfo sitzt auf einer Bank, und gedämpft wie jemand, der ein Geständnis macht, das seine Eltern nicht hören sollen, wiederholt er:

»Echt nervös.«

Da hört man etwas vibrieren. Rodolfo steckt die Hand in die Tasche, holt sein Telefon heraus, schaut darauf und sagt:

»Eine Nachricht von José Luis Furriol.«

José Luis Furriol ist der Delegierte von La Pampa.

Es ist zwanzig vor zwei.

*   *   *

Und was passiert jetzt?

Wie geht es alles aus?

Ist alles aus?

*   *   *

Zwischen dem Eingang der Nachricht auf Rodolfos Telefon und dem Moment, in dem er sie mitteilt, verzeichnet mein Aufnahmegerät eine lange Stille, als hätte das Universum innegehalten, um zu beobachten, wie drei Worte über das Schicksal eines Menschen entscheiden.

Rodolfo öffnet die Nachricht, liest sie, und mit bescheidener, klarer Stimme sagt er:

»Ich bin im Finale.«

Seine Mutter schreit auf, Miriam schreit auf, seine Geschwister schreien auf, der ganze Campingplatz schreit auf, überall hört man: »Auf geht's, Rodo!«, »La Pampa lebe hoch!« Die Nachricht von José Luis Furriol wird mit dem Telefon verschollen gehen, das Rodolfo später verliert, aber sie lautet: *Rodolfo bist Finale.* Während sich alle schreiend in den Armen liegen, rufe ich Cecilia Lorenc Valcarce an, um die Namen der übrigen Finalisten zu erfahren. Es sind der Teilnehmer aus Río Negro, Maximiliano Castillo, und der aus Santiago del Estero, Sebastián Sayago. Sebastián Sayago, der Bruder von Fernando Castro, Rodolfos Trainer und Begleiter auf der Gitarre etc.

Nach einer Weile verabschiede ich mich. Wir machen aus, dass ich Rodolfo um elf Uhr abends abhole und zum Festival fahre. Auf dem Weg zum Auto merke ich, dass es sich wie eine Art Ehre anfühlt: Ich werde ihn fahren. Ich.

Beginne ich womöglich, etwas zu begreifen?

*   *   *

Als ich an diesem Abend zum Haus komme, finde ich auch Miriam und Fernando Castro vor. Die Stimmung ist düster: In diesem Dorf, in dem sonst nie etwas passiert, hat man Carlos Medina und ein paar anderen Hausbewohnern Geld und Jacken aus dem Wagen geklaut. Die Hypothese ist, dass es »Leute von außerhalb« waren, nicht jemand aus Laborde. Wie überall auf der Welt haben die Schuld immer die Fremden, Unbekannten. Im Auto bleiben Rodolfo, Miriam und Fernando stumm, keiner sagt ein Wort, und ich habe das Gefühl, jemanden ganz langsam zum Schafott zu fahren.

Wir finden einen Parkplatz in einer ungepflasterten Straße neben dem Festivalgelände. Als wir eintreten, tanzt auf der Bühne gerade die Delegation aus Chile. Es ist noch früh, trotzdem gehen wir direkt zu den Garderoben. Rodolfo betritt die Nummer 2. Dann wiederholt sich alles wie in einem wiederkehrenden Traum: Er holt Wasser, Bauchbinde und Gürtel aus der braunen Tasche, zieht sich an, benässt

sein Haar, beginnt sich zu bewegen wie ein wütender eingesperrter Tiger, nimmt die Bibel, öffnet sie, liest murmelnd,
schließt sie, küsst sie, steckt sie ein, schaltet das Telefon an
und spielt das Lied »Sé vos« von Almafuerte.

Es ist halb eins.

Wie oft kann ein Mensch so etwas durchstehen?

Wie oft kann ich es durchstehen?

Könnte dies eine endlose Geschichte sein?

*   *   *

Das Festivalgelände ist gedrängt voll. Die argentinische
Flagge weht hoch am Himmel. Rodolfo sitzt in der Garderobe, den Blick zu Boden gerichtet. Miriam geht zu ihm,
umarmt ihn und verlässt die Garderobe ohne ein Wort. Ein
paar Meter weiter stellt sich Sebastián Sayago, im nördlichen Stil gekleidet, vor den Spiegel und feuert sich an: »Los
geht's, los geht's!« Um zwei Uhr morgens ertönt die Hymne
von Laborde, auf sie folgt das Feuerwerk. Dazu die Stimme
des Moderators:

»Meine Damen und Herren, Laborde, Argentinien! Die
Stunde der Wahrheit ist gekommen, der Moment, auf den
alle gewartet haben! Um diesen Moment zu erleben, sind sie
hier angetreten. Und nur einer von ihnen wird der Meister
werden. Meine Damen und Herren, die Kategorie Malambo
Mayor! Den Wettkampf in dieser Endrunde eröffnet ... «

Er holt Luft und ruft:

»Aus Laaa Paaampaaa ... Rooodolfooo Gonzáaalez Aaaal-
cántara!«

Und los.

*   *   *

Die belegte Frauenstimme sagt ungerührt:

»Zeit: Vier Minuten, neunundvierzig Sekunden.«

Rodolfo verlässt die Bühne. Er hat Blut an den Fingern, aufgeschürfte Fingerknöchel, eine Wunde am Fuß. Ein Journalist stürzt sich auf ihn, um ihn zu interviewen, während auf der Bühne Sebastián Sayago tanzt. Es ist zwanzig nach zwei. Jetzt kann man nur noch warten.

Rodolfo zieht eine Jacke an – es ist feucht und sehr kühl geworden – und geht nach draußen, um seine Familie zu begrüßen. Später höre ich, dass nicht alle kommen konnten, weil sie nicht genügend Geld für die Eintrittskarten hatten.

*　　*　　*

Um vier Uhr morgens bittet Rodolfo seinen Schwager Javier, ihm einen Alfajor zu kaufen, seit anderthalb Jahren hat er keinen gegessen. Um Viertel nach vier muss er auf die Toilette, wozu er sich teilweise ausziehen muss. Um halb fünf kommt er zurück, zieht sich wieder an, setzt sich in die Garderobentür, die Jacke über die Schultern gelegt, und isst die beiden Alfajores, die Javier ihm gebracht hat. Der Teilnehmer von Río Negro ist in seinem Kabuff eingesperrt. Sebastián Sayago in seinem. Miriam organisiert übers Telefon, wo sie sich zur Preisverleihung hinsetzen wird. Tonchi hockt unter dem Zementtisch der Garderobe und betrachtet die Welt von dort aus, als hätte er große Angst. Rodolfo isst den zweiten Alfajor auf und geht hinein. Er setzt sich auf einen Stuhl, ich setze mich ihm gegenüber auf einen umgedrehten Bierkasten. Ich sehe, dass er in der rechten Hand ein Bild des Heiligsten Herzens hält, ich weiß nicht, woher er das jetzt hat. Tonchi macht Witze, fragt ihn, ob er sich erinnert, wie sie als Kinder keinen Mittagsschlaf machen wollten. Rodolfo nickt, lacht, versucht, etwas zu sagen.

»Bist du nervös?«, frage ich ihn nach einer Weile.

Rodolfo nickt verstohlen, so dass Tonchi es nicht sieht.

*　　*　　*

Um fünf Uhr morgens haben sich manche im Publikum Decken übergelegt, um sich vor der Kälte zu schützen. Rodolfo in seiner Garderobe schwitzt. Der Moderator hat den Beginn der Preisverleihung angekündigt und die Delegierten aller Provinzen auf die Bühne gebeten. Die Zeremonie ist langsam, denn es werden die dritten, zweiten und ersten Plätze in allen Kategorien vergeben, manchmal auch eine Sonderauszeichnung. Um Viertel nach fünf fängt der Tag zu dämmern an. Um fünf Uhr dreißig verkündet der Ansager:

»Und jetzt, meine Damen und Herren, die Kategorie Malambo Mayor!«

Rodolfo sitzt schweigend in der Ecke. Tonchi sitzt schweigend unter dem Zementtisch. Ich sitze schweigend auf meinem Bierkasten.

»Kommen wir zunächst zum Vizemeister dieses Jahres. Meine Damen und Herren, der Vizemeister der fünfundvierzigsten Edition des argentinischsten aller Festivals kommt aus der Provinz von …«

Der Moderator holt Luft und pustet ins Mikrofon:

»Santiaaaaaagooo del Eeeeeesterooooooo! Sebastiáaaan Sayaaaaaago!«

Ich schaue durch die Tür und sehe Sebastián Sayago zur Bühne gehen. Er wirkt nicht glücklich, viele seiner Begleiter weinen. Noch ein Jahr, sage ich mir. Noch ein Jahr mit zwölf Malambos, mit einer Stunde Laufen am Tag. Noch ein Jahr voll entsetzlicher Hoffnung.

Rodolfo steht auf, und mit dem Bild des Heiligsten Herzens in der Hand dreht er mir den Rücken zu und betet.

Der Moderator bittet Gonzalo Molina auf die Bühne, el Pony, der seinen letzten Malambo tanzen wird. El Pony tanzt – ich sehe es nicht –, und als er fertig ist, nimmt er das Mikrofon und spricht von seinen Freunden, seiner Familie, seiner ewigen Dankbarkeit. Seine Sätze klingen abgehackt, weil er so bewegt ist und das Mikrofon zu weit weg hält.

Rodolfo beendet sein Gebet, setzt seinen Hut auf und verlässt die Garderobe. Draußen stehen Miriam, Carlos Medina und Fernando Castro. Alle wirken, als hätten sie eine Tragödie überlebt oder als erwarteten sie eine Katastrophe. Und als wäre Rodolfo aus einer zerbrechlichen Materie gemacht, tritt ihm niemand zu nahe, spricht ihn niemand an. Der Moderator ergreift wieder das Wort:

»Meine Damen und Herren … jetzt aber wirklich, der Name, auf den Sie alle warten, der Name unseres Meisters!«

Rodolfo dreht Kreise. Miriam lehnt sich gegen eine Wand und sieht ihn an, als wolle sie ihn anschreien oder losweinen. Tonchi lugt aus der Garderobentür.

»Die Jury des diesjährigen Festivals ernennt zum nationalen Meister im Malambo …«

Da erschallt der Name des Meisters, und das Erste, was passiert, ist, dass Tonchi und Rodolfo sich umarmen und in die Knie gehen. Tonchi weint wie ein Verrückter, und Rodolfo lässt ihn nicht los, aber er weint nicht. Er kneift die Augen zusammen, als hätte er einen Schlag abbekommen. Auf der Bühne geht das Feuerwerk los, und der Mittelpunkt der Welt sind diese beiden Männer, dieser kleine Kern einer bedingungslosen Freundschaft, in dem all die hungrigen Winter pochen und Tonchis kaputte Nieren und Rodolfos alte Turnschuhe, denn der Moderator hat soeben verkündet, dass er der neue Meister von Laborde ist, meine Damen und Herren, Rodolfo González Alcántara, und Miriam legt beide Hände auf den Mund und bricht in Tränen aus, Carlos Medina weint, Fernando Castro weint, und Rodolfo und Tonchi knien immer noch nebeneinander, bis Miriam zu ihnen tritt und Rodolfo aufsteht und sie umarmt, und Fernando Castro nähertritt und Rodolfo ihn umarmt, und die Hymne von Laborde ertönt und die Stimme des Moderators fragt:

»Wo ist der Meister? Wo ist der Meister?«

Carlos Medina wischt sich über die Augen und sagt:

»Rodo, Rodo, du musst auf die Bühne!«

Rodolfo streicht sich mit der Hand durchs Haar, rückt den

Hut zurecht und geht auf die Bühne. Doch bevor er den Pokal entgegennimmt, den el Pony ihm überreicht, umarmt er den Vizemeister, Sebastián Sayago.

*   *   *

Das ist es, sage ich mir.

Hier ist ein Mann, den das Leben für immer verändert hat.
Kein Durchrutschen mehr unter der Metroabsperrung.
Keine abgenutzten Schuhsohlen.
Kein Hunger mehr.

*   *   *

El Pony übergibt ihm den Pokal, und Rodolfo hält ihn hoch, stellt ihn auf den Boden und bekreuzigt sich. Der Moderator sagt:

»Eine phantastische Auszeichnung, um gerade mal kurz nach halb sechs Uhr morgens! Und jetzt soll der nationale Malambo-Meister tanzen! Meine Damen und Herren, hier kommt der nationale Malambo-Meister 2012! Rodolfo González Alcántara!«

Und wie es die Tradition will, tanzt Rodolfo einige Figuren, in seinem ersten Malambo als Meister, einem der letzten seines Lebens. Danach tritt er ans Mikrofon, und mit fester Stimme, in der kein bisschen Rührung bebt, sagt er:

»Hallo. Ich möchte mich vor allem bedanken. Ich danke meiner Familie, weil sie etwas ganz Unglaubliches gemacht hat. Da sie sich den Campingplatz nicht leisten konnten, haben sie einen Bus für fünfundvierzig Personen gemietet, um herzufahren, was billiger war, und wenn sie nach Hause kommen, werden sie hart arbeiten müssen, um das Geld zurückzuzahlen. Ich danke allen meinen Lehrern. Den Freunden, die man auf dem Weg kennenlernt. Und der Frau, die ich gewählt habe, Miriam. Denn wir Malambo-Tänzer strengen uns an, aber die Opfer bringen die, die uns begleiten. Weil sie einen Traum begleiten, der nicht ihrer ist. Deshalb Dank an euch alle.«

Es ist Viertel vor sechs Uhr morgens am ersten Tag seines restlichen Lebens.

*   *   *

Ein Jahr später, am 12. Januar 2013, ist das Erste, was man am Ortseingang von Laborde sieht, ein riesiges Plakat von Rodolfo. Das nächste folgt, wenn man um die Ecke biegt. Und noch eines. Und noch eines. Seine Füße, Hände, Taille, sein Gesicht, Oberkörper, der ganze Körper ist im Ort verstreut wie in einem Akt kannibalischen Wahns. Es ist sechs Uhr abends, im Pressesaal des Festivalgeländes endet gerade eine Podiumsdiskussion zwischen Meister und Publikum. In Poloshirt und Jeans – die Hosenbeine hochgekrempelt – gibt Rodolfo Autogramme auf kleinen Postern mit seinem Foto. Jedes Autogramm nimmt viel Zeit in Anspruch, da er sich stets nach der genauen Schreibweise des jeweiligen Namens erkundigt und dann eine lange Widmung hinzufügt. Ich weiß, weil er es mir gesagt hat, dass er Schlafprobleme hat und nicht an den letzten Malambo seines Lebens denken will, den er am Montag tanzen wird.

Mit ihm durch Laborde zu gehen, ist ein Ding der Unmöglichkeit. Eine lokale Fußballmannschaft, die in voller Formation beim Laufen ist, ruft ihm zu: »Rodolfo González Alcántara, Zuchthengst!« Die Leute bitten ihn um Fotos, Autogramme, eine Umarmung. Er lächelt, grüßt, ist geduldig, freundlich, bescheiden. Als die Besitzerin der Eisdiele Riccione ihn anruft, um ihm zu sagen, er solle ein Riesenfoto abholen, das sie ihm schenken wolle, bittet Rodolfo mich, ihn zu begleiten, weil er schon als Gaucho gekleidet ist und es ihm peinlich ist, außerhalb des Festivalgeländes so herumzulaufen.

2012 hat sich sein Leben sehr verändert. Er hatte nicht nur mehr Arbeit – als Jurymitglied bei anderen Festivals, als Lehrer –, seine Honorare sind auch beträchtlich gestiegen. Mit einer Geldsumme, über die zu verfügen er nie gedacht hätte, hat er an seinem Haus in Pablo Podestá ein Studio angebaut, um dort Stunden zu geben. Mit der Zeit wird er wahrscheinlich seine anderen Jobs in den Vorstädten aufgeben und sich nur auf seinen Unterricht im IUNA und bei sich zu Hause konzentrieren können.

Es ist fast acht Uhr, die Sonne steht noch am Himmel, und wir sitzen im Auto, das auf einem Schotterweg vor dem Friedhof geparkt ist, mit Blick auf ein Sojafeld, auf dem im Vorjahr hoch der Mais stand. Ich frage ihn, ob er nach wie vor trainiert.

»Ja, als ich das letzte Mal in Santa Rosa war, bin ich auf die Dünen geklettert. Aber es ist schwierig zu trainieren, wenn man kein Ziel vor Augen hat. Als ich mich für Laborde vorbereitet habe, habe ich mir immer gesagt, dass es irgendwo im Land jemanden gibt, der auch dafür trainiert und seinen Malambo zehn Mal am Tag tanzt. Also habe ich ihn zwölf Mal getanzt. Oder dass es einen gibt, der eine Stunde am Tag laufen geht. Also bin ich anderthalb Stunden gelaufen. Ohne Grund ist es schwierig, diesen Rhythmus beizubehalten.«

»Und war es mit dem Titel so, wie du es dir vorgestellt hast?«

»Noch viel besser! Sie beten dich an! Die letzte Woche hier kam ich mir vor wie ein König. Ich weiß, dass ich mich in meinem ganzen Leben nicht mehr so fühlen werde wie diese Woche in Laborde. Aber ab Montag wird alle Aufmerksamkeit jemand anderem gelten.«

An diesem Abend gehen wir früh zum Festival, weil Rodolfos Schüler, Álvaro Melián, um halb zehn in der Kategorie der älteren Jugendlichen antritt. Rodolfo sagt, wenn Álvaro in seiner Kategorie gewinne und Sebastián Sayago Meister werde, käme alles zu einem perfekten Abschluss. Obwohl die Gerüchte viel Gutes über den Malambo sagen, den Sebastián getanzt hat, heißt es auch, er habe sich nie ganz von der Verletzung erholt, die er sich 2012 zugezogen hat, und dass er, käme er ins Finale, einen äußerst schmerzvollen Auftritt absolvieren müsse.

»Die Meisterschaft mit diesem Ergebnis zu beenden, wäre ein Traum«, sagt Rodolfo auf dem Weg zu den Garderoben. »Sebas hat es sich verdient. Er ist ein einfacher Kerl, unglaublich bescheiden. Ich wünsche ihm von ganzem Herzen, dass er gewinnt.«

In diesem Jahr ist die Zone der Garderoben weiß gestrichen, und an den Türen hängen Schilder mit schwarzer Schrift, auf denen steht: *Garderobe 1, Garderobe 2*. Ein in ländlicher Tracht gekleidetes Mädchen kommt zu uns und bittet Rodolfo um ein Autogramm, und Rodolfo fragt sie, ob sie einen Moment warten könne, weil sein Schüler gleich auf die Bühne müsse.

»Natürlich. Meister bleibst du ja ein Leben lang«, sagt das Mädchen.

Rodolfo lächelt und berührt ihren Kopf. Er geht seitlich an die Bühne, und während Álvaro zu tanzen beginnt, sehe ich, wie schon so oft, dass er sich bekreuzigt.

*   *   *

Am Sonntag um zwei Uhr nachmittags werden die Finalisten des Malambo Mayor verkündet: Rodrigo Heredia für Córdoba, Ariel Pérez für Buenos Aires und Sebastián Sayago für Santiago del Estero. Álvaro Melián, Rodolfos Schüler, ist auch ins Finale seiner Kategorie gekommen.

Am Montag um drei Uhr morgens ist Rodolfo im Pressesaal, im nördlichen Stil gekleidet und mit verschnupfter Nase.

»Ich glaube, das kommt, weil ich mit Klimaanlage geschlafen habe.«

Seit Dienstag ist er mehrere Male auf die Bühne gestiegen, um einen Zamba zu tanzen, einen Walzer, eine Cueca. Aktiv am Festival des Folgejahres teilzunehmen, gehört zu den Pflichten der amtierenden Meister, wie auch mehrere Austauschreisen nach Chile, Bolivien und Paraguay und eine Malambo-Werkstatt in Laborde, die sie umsonst unterrichten.

Um diese Uhrzeit haben die drei Wettstreiter der Kategorie Malambo Mayor bereits getanzt. Sebastián Sayago hat trotz seiner Verletzung einen prachtvollen, dramatischen, verzweifelten Malambo nördlichen Stils hingelegt, nach dem Fernando Castro unten im Publikum hemmungslos geweint hat.

»Er hat alles gegeben, wie es sein muss. Und er hat überzeugt. Aber jetzt heißt es warten«, sagt Rodolfo.

Miriam unterhält sich mit ihren Eltern, die aus Patagonien gekommen sind. Fernando Castro, der in den Norden nach Salta gezogen ist und dort das Folkloreballett unterrichtet, stimmt seine Gitarre, makellos in Jeans und Hemd gekleidet. Rodolfo verabreicht sich Nasentropfen und posiert für ein Foto mit der Bürgermeisterin von Laborde. Ich denke daran, wie Tonchi letztes Jahr um diese Zeit unter dem Tisch in der Garderobe Nummer 2 hockte, als ziehe ein Sturm auf, und Rodolfo seine Nervosität unterdrückte, indem er zu einem Heiligenbild betete.

Um vier Uhr morgens zieht Rodolfo sein Kostüm des südlichen Stils an und probt seinen Malambo vor dem Wandspiegel des Pressesaals.

Um halb fünf gehen wir zur Bühne.

*　*　*

Die Preisverleihung ist wieder langwierig. Um halb sechs weiß man, dass Álvaro Melián nicht in seiner Kategorie gewonnen hat und Ariel Pérez aus der Provinz Buenos Aires Vizemeister geworden ist. Da kündigt der Moderator an, der Moment sei gekommen, den Meister von 2012 zu verabschieden.

»Das Land hat sich in der nationalen Hauptstadt des Malambo versammelt, und so kommen wir zum letzten Teil der sechsundvierzigsten Edition, die so viele Emotionen birgt! Jetzt darf ich Rodolfo González Alcántara aus der Provinz La Pampa ankündigen, den nationalen Meister von 2012, dem dieses letzte Jahr über im ganzen Land die Herzen entgegengeflogen sind! Und ein Meister verabschiedet sich tanzend, indem er seine Kunst vor dem Publikum des argentinischsten aller Festivals zeigt!«

Rodolfo, der zwischen den Kulissen wartet, bekreuzigt sich und geht nach draußen. Aus dem Publikum hört man: »Auf geht's, Rodo!«, »Zeig's ihnen, Meister!«

Es ist Viertel vor sechs Uhr morgens.

Es fehlt eine halbe Minute bis zehn vor sechs, als er den letzten Malambo seines Lebens getanzt hat und der Applaus der Menge über ihn hereinbricht. Er küsst den Boden, steht auf, tritt ans Mikrofon und sagt:

»Es ist schwierig, hier zu sein. Am liebsten hätte ich nicht aufgehört zu tanzen. Aber mir fehlt die Kondition. Heute bin ich ein wenig traurig aufgewacht, mir war zum Weinen zumute, denn das ist das Ende meiner Karriere. Laborde hat mir alles gegeben, und heute nimmt es sich alles. Alles bleibt hier. Ich hoffe, Laborde und unser Land so beispielhaft wie möglich repräsentieren zu können. Für die, die noch kommen. Für die, die träumen. Danke euch, Bewohner von Laborde, dass ich mich hier wie ein König fühlen durfte. Für alles, was ihr mir gegeben habt. Dass ihr mir geholfen habt, zu sein, wer ich bin.«

Die Leute schreien. Rodolfo hebt die Arme gen Himmel

und bedankt sich. Dann weicht er zurück und bleibt an einer Seite stehen. Der Moderator ergreift wieder das Wort:

»Meine Damen und Herren, heute präsentieren wir Ihnen nicht mehr und nicht weniger als den neuen nationalen Malambo-Meister …!«

Die Morgendämmerung erhellt langsam den Himmel, über den sich rote Wolkenfetzen ziehen. Eine marmorne Spannung steigt aus dem Publikum empor.

»Laborde verkündet Argentinien und der Welt, an diesem Tag, der bereits Morgen ist, den Namen des Meisters! Seines sechsundvierzigsten Meisters! Meine Damen und Herren! Der nationale Malambo-Meister 2013 kommt aus der Provinz … Santiaaa …!«

Und noch bevor er Santiago del Estero gesagt hat, bevor er Sebastián Sayago gesagt hat, tobt das Publikum los. Hinter der Bühne weint Sebastián inmitten eines Wirbels aus Umarmungen. Von der anderen Seite der Bühne aus sieht Rodolfo mich an, lächelt, ballt die Hand zur Faust und hebt sie triumphierend. Unwillkürlich antworte ich ihm mit der gleichen Geste. Sebastián geht auf die Bühne, umarmt Rodolfo, nimmt den Pokal entgegen, und während er seinen ersten Malambo als Meister tanzt – und einen der letzten Malambos seines Lebens –, steigt Rodolfo über die Seitentreppe diskret von der Bühne. Miriam wartet neben einer kleinen Mauer auf ihn. Seine Füße sind blutig, er umarmt seine Frau. Sie weint, doch er sagt nichts. Ein Junge tritt zu ihm und tippt ihm an die Schulter.

»Meister, kann ich ein Autogramm haben?«

Rodolfo löst sich aus der Umarmung und sieht ihn an. Der Junge ist etwa acht Jahre alt und trägt das Haar lang, wie es die Malambo-Tänzer von klein auf tun.

»Aber natürlich, mein junger Freund. Wo soll ich unterschreiben?«

Der Junge deutet sich auf den Rücken.

»Aufs T-Shirt.«

Rodolfo beugt sich herab und schreibt dem Jungen sorgfältig eine Widmung auf den Rücken. Dann gibt er ihm zum Abschied einen Kuss auf die Wange und geht zum Pressesaal, wo er sich in einer Ecke umzuziehen beginnt. Er legt die Jacke ab, den Gürtel, die Bauchbinde, das Hemd. Und bevor er es in die braune Tasche steckt, küsst er jedes einzelne Stück.

Ich habe ihn nicht weinen gesehen, aber er hat geweint.

Ich danke Cecilia Lorenc Valcarce
für ihre Unterstützung.

Anmerkung der Übersetzerin:

Alfajores *(p. 21, 103)* — *Ein* Alfajor *ist ein süßes, in Lateinamerika beliebtes traditionelles Gebäck, meist aus zwei Keksen mit einer cremigen Füllung von Schokolade, Konfitüre oder* Dulce de leche *(Süßes aus Milch).*

Locro *(p. 19, 21)* — Locro *ist ein Eintopf-Gericht prähispanischen Ursprungs in den lateinamerikanischen Ländern. In prähispanischer Zeit bestand es vor allem aus weißem Mais, weißen Bohnen und Kürbis. Heute wird es oft auch mit Fleisch oder Wurst serviert. Je nach Gegend variiert die Zusammensetzung. In vielen lateinamerikanischen Ländern gilt es als Nationalgericht, das auch in Garküchen zubereitet und auf der Straße angeboten wird.*

Negra *(p. 66, 71, 72, 80)* — Negra, *oder auch die Verkleinerungsform* Negrita, *ist ein weit verbreiteter Kosename für Personen weiblichen Geschlechts; ihm entspricht* Negro *für Männer. Die Benennungen haben nichts Despektierliches an sich – ganz im Gegenteil, sie sind trotz eines in Lateinamerika insgesamt von Machismo und auch von Rassismus geprägten Sprach- und Kultursystems eine zärtliche Anrede.*

The long way home handling compact stradale hyperlight dyneema edition ...

Produkt: Synergetischer Nullwind-Drachen. Hersteller: Thomas Horvath, das Drachen Labor™, the Kite Lab™. Produktion: 9 Werktage. Spannweite: 1640 mm. Gewicht: 27 g. Segel: Dyneema® Composite Fabric 18 g/m². Rahmen: Carbon-Rohre und -Stäbe, poliert. Im Tube™: ∅ 50 mm, Länge 840 mm. —— »These beautiful ultra-light weight zero wind kites from Horvath in Zurich are amazing. Built using specialized sail materials and finely manufactured carbon tubing, they fly on thermals, the same way birds do. They represent, to me anyway, a pinnacle, both in terms of engineering and, ultimately, elegance.« (Nichol Alexander, *Publisher New York*) —— »Allen Erklärungen über Materialien und Konstruktion zum Trotz – es bleibt etwas Unerkläches zurück, wenn der grüne Drachen ohne Wind über uns steht.« (Ulrike Hark, *Tages-Anzeiger Zürich*) —— »Im Spiel bewirkt der Drachen, was Poesie vermag: Er lässt uns staunen und wirft uns auf uns selbst zurück. Weniger ist auch hier mehr: Die Steuerung besteht darin, dem Gerät seinen Willen zu lassen. Das formatiert das Verhältnis zwischen dem Objekt und uns auf eine neue Weise: Spielend werden wir zu Beobachterinnen und Beobachtern.« (Meret Ernst, *Hochparterre*) —— horvath.ch

Dieter Bachmann, *Unwiderruflich letzte Vorstellungen,* Roman in fünf Akten, 192 Seiten, 1 Abbildung, Deutsch, 12.5×21 cm, softcover. —— »ein Buch der Abschiede [...] will ich es genauer sagen: *das* Buch der Abschiede« (Peter K. Wehrli, *Orte*). —— »Was für eine quicklebendige Nature morte der Gegenwart, was für ein listiger Ringkampf mit der Furie des Verschwindens! [...] Den Tanz mit dem schweren Flügel macht Dir keiner nach – und er ist nur die letzte so vieler Markerschütterungen in jedem Satz. – Chapeau« (Adolf Muschg). —— »ein grandios erzählter und filigran gemachter Roman über Verluste. [...] Und ein Roman über das Alter. Bachmanns Himlicek ist ein parabolischer Eigenbrötler, ein wunderbares Geschenk für die Literatur« (Paul Jandl, *Neue Zürcher Zeitung*).

Hermann Burger, *Der Lachartist,* aus dem Nachlass herausgegeben von Magnus Wieland und Simon Zumsteg, 41 Seiten, 1 Abbildung, Deutsch, 12.5×21 cm, softcover. —— »Auch hier treibt er [Burger] es bunt. Er lässt die Sätze zu Monstern anschwellen, unterbricht sie, versetzt ihnen Schläge ins Genick und bringt sie doch immer grandios zu Ende« (Beatrice von Matt, *Neue Zürcher Zeitung*).

Hermann Burger, *Lokalbericht,* aus dem Nachlass herausgegeben von Simon Zumsteg, in Zusammenarbeit mit Peter Dängeli, Magnus Wieland, Irmgard M. Wirtz, 316 Seiten, 18 Abbildungen, Deutsch, 12.5×21 cm, softcover. —— »Eine kleine literarische Sensation« (Guido Kalberer, *Tages-Anzeiger*). —— »Die Überraschung ist erheblich« (Daniele Muscionico, *Neue Zürcher Zeitung*). —— »Burgers früher Roman ist ein einziger Spaß« (Gerrit Bartels, *Der Tagesspiegel*). —— »Sprachlich bezeugt *Lokalbericht* [...] eine stupende Sicherheit und Eigenständigkeit« (Beat Mazenauer, *literaturkritik.de*). —— »Sein Erstling [...] mustergültig editorisch aufbereitet« (Ronald Pohl, *Der Standard*). —— »Ein irrwitziger Lesegenuss« (Beda Hanimann, *St. Galler Tagblatt*). —— »*Lokalbericht* [zeigt] beeindruckend, was Literatur alles kann und was dieser Autor mit Sprache alles zu inszenieren verstanden hat« (Evelyne Polt-Heinzl, *Die Presse*). —— »Enorm witzig« (Manfred Papst, *NZZ am Sonntag*). —— »It's worth noting, too, that the edition of this work is exemplary« (M. A. Orthofer, *The Complete Review*).

Gunnar D. Hansson, *Der Lomonossow-Rücken,* aus dem Schwedischen von Lukas Dettwiler, 184 Seiten, 1 Abbildung, Deutsch, 15×24 cm, softcover. —— Die etwa 1800 Kilometer lange geologische Formation im Arktischen Ozean wurde 1948 von einer sowjetischen Forschergruppe entdeckt und nach dem russischen Sprachforscher, Dichter, Geologen und Universalgelehrten Michail Wassiljewitsch Lomonossow (1711–1765) benannt. —— Tauchgänge in die literatur- und polar-forschungsgeschichtlichen Tiefen rund um den Pol. —— Logbuch einer Forschungsreise ins ›Herz der Weiße‹. —— »Lyrik ist sommers wie winters das einzige mögliche Genre am neunzigsten Breitengrad.«

Jan-Christoph Hauschild, B. Traven — Die unbekannten Jahre, 696 Seiten, 52 Abbildungen, Deutsch, 12.5 × 21 cm, softcover. —— »eine grandiose Ermittlung und geradezu sensationelle Biografie [...] brillant geschrieben [...] bewundernswert und genau belegt« (Albrecht Götz von Olenhusen, literaturkritik.de).

Huang Qi 黃琪 (ed.), Chinese Characters then and now 漢字古今談, essays by Qi Gong 啟功, and by Hou Gang 侯剛, Zhao Ping'an 趙平安, Chen Guying 陳鼓應, Zhao Jiping 趙季平, Yau Shing-Tung 丘成桐, translated by Jerry Norman, Helen Wang, and Wang Tao, 352 pages, 122 illustrations, English/Chinese, 23 × 33 cm, hardcover. —— »eine der schönsten sprachwissenschaftlichen Publikationen der letzten Jahre [...] ein ausserordentlich umsichtiges Grundlagenwerk« (Ludger Lütkehaus, Neue Zürcher Zeitung).

Michael Oppitz, Morphologie der Schamanentrommel, 1241 Seiten, 1224 Abbildungen, Deutsch, 22 × 27 cm, zwei Leinenbände, Schuber. —— »Ein Zeugnis der Kunst ethnographischer Dokumentation.« —— Tonbeispiele unter www.dhyang-dhyang-voldemeer.ch —— Im Prisma eines einzigen Gegenstandes – der endlos sich verwandelnden Trommel – wird die Vielfalt der schamanischen Praxis greifbar. —— Ein in jahrzehntelangen Recherchen entstandenes Monumentalwerk zu einer in den Bergregionen des Himalaya weitverbreiteten Religionspraxis. —— Ein Versuch, mit wissenschaftlicher Akribie und mit literarischer Erzählfreude über einen einzigen Gegenstand den flüchtigen Anschauungen der schriftlosen Völker Hochasiens ein bleibendes Denkmal zu setzen. —— »Ein Meisterwerk der teilnehmenden Ethnologie [...] Ruhm und Ehre für Michael Oppitz« (Frankfurter Allgemeine Zeitung).

Ulrich Stadler, Kafkas Poetik, 340 Seiten, 17 Abbildungen, Deutsch, 15 × 24 cm, softcover. —— Die Arbeit stellt den Versuch dar, Kafkas eigene poetische Darstellungsweise nachvollziehbar zu machen. Auch sie bedient sich eines indirekten Verfahrens, indem sie der Einzelheit, dem unscheinbaren Detail, den unbedingten Vorrang einräumt und jeder Festlegung eines übergeordneten Ganzen entgegenwirkt. —— »In Auseinandersetzung mit den wichtigen Protagonisten der K.-Forschung [...] vermag Stadler den Schreibprozess K.s [...] differenzierter in den Blick zu nehmen, als es der Forschung bislang gelungen ist« (Claudia Liebrand, Germanistik) —— »eine der wichtigsten Studien zu Kafka der letzten Jahre« (Steffen Höhne, Bohemia) —— »ein ›großer Wurf‹ [...] zu hoffen, dass Ulrich Stadlers Ausführungen zu Kafkas Poetik in der ›Kafkalogie‹ Epoche machen werden« (Manfred Weinberg, Brücken).